墨香财经学术文库

"十二五"辽宁省重点图书出版规划项目

The Social Responsibility

Cultivation Mechanism of
Mineral Resources Oriented
Enterprises in Minority Areas

少数民族地区矿产资源型企业
社会责任培育机制研究

赛 娜 ◎著

东北财经大学出版社
Dongbei University of Finance & Economics Press

大连

ⓒ 赛 娜 2015

图书在版编目（CIP）数据

少数民族地区矿产资源型企业社会责任培育机制研究 ／ 赛娜著．一大连：东北
财经大学出版社，2015.5
（墨香财经学术文库）
ISBN 978－7－5654－1912－6

Ⅰ.少…　Ⅱ.赛…　Ⅲ.民族地区－矿产资源－工业企业－企业责任－社会
责任－研究　Ⅳ.F279.2

中国版本图书馆CIP数据核字〔2015〕第075505号

东北财经大学出版社出版发行

大连市黑石礁尖山街217号　邮政编码　116025

教学支持：（0411）84710309
营　销　部：（0411）84710711
总　编　室：（0411）84710523
网　　　址：http：//www．dufep．cn
读者信箱：dufep＠dufe．edu．cn

大连图腾彩色印刷有限公司印刷

幅面尺寸：170mm×240mm　字数：163千字　印张：11 3/4　插页：1
2015年5月第1版　2015年5月第1次印刷
责任编辑：李智慧　郭海雷　张晓鹏　　责任校对：赵　楠
封面设计：冀贵收　　　　　　　　　　版式设计：钟福建
定价：36.00元

前言

　　随着经济的发展，政府和社会公众越来越关注企业的社会责任问题，而矿产资源型企业由于频频曝出矿难事故和环境污染事件等负面新闻，更成为社会舆论关注的焦点。2002 年,中国共产党第十六次全国代表大会提出构建和谐社会的理念。自此，社会公众对于诸如机会平等、污染控制、能源和自然资源消耗、消费者和员工权益保护等有关企业社会责任问题的关注与日俱增，企业社会责任问题已经引起理论界和实务界的广泛重视，现代企业必须履行社会责任。

　　2006 年以来，中央政府陆续出台了多部相关法律法规，推动企业履行社会责任，政府相关职能部门积极配合，参与有关社会责任的研讨与实践活动。地方政府也在积极地制定、颁布适用于本地区企业的社会责任报告与绩效评价的相关文件。在这样的宏观背景下，企业社会责任的履行不再是企业单方面自愿的行为，而成为顺应时代进步潮流、推动社会可持续发展的一种理性选择。

　　我国幅员辽阔，民族众多。相对于东部沿海地区，少数民族地区的经济还有待发展，企业的社会责任意识与社会责任的履行还有待于进一步提高。在少数民族地区的经济结构中,煤炭、黑色金属、有色金属的开发和加工占有较大的比重。因此，本书以少数民族地区矿产资源型企业为例，对社会责任问题予以研究，以期对少数民族地区企业社会责任的履行与社会责任管理有所帮助，为少数民族地区地方政府在社会责任政策的制定、执行与监管等方面提供新的思路。

本书共分为 9 章，各章的主要内容如下：

第 1 章，主要对研究的背景、缘起以及所使用的研究方法、研究的意义等进行了阐述，以期为后续的系统研究建立一个完整的框架。

第 2 章，主要对社会责任的基本概念和关于社会责任的各种观点、基础理论等进行分析。社会责任主要与社会、组织、责任密切相连，社会责任的不断演化及其内容的不断扩展是与社会经济的发展相互耦合作用的结果。利益相关者理论、社会契约理论是研究企业社会责任问题不可或缺的理论基础，在相关的理论基础之上，本书将企业的股东、员工、政府及环境等纳入研究视野。

第 3 章，主要对可持续发展与企业社会责任的相互关系进行了论述。社会的可持续发展将实现人类、环境与经济的良性发展，它关系着人类社会能否长期健康发展。企业作为社会的重要组成部分，其履行社会责任是促进经济社会可持续发展的必然选择。

第 4 章，主要对矿产资源型企业履行社会责任的动因进行了研究。本章运用利益相关者理论分析了资源型企业所应该承担的社会责任。对于少数民族地区矿产资源型企业而言，环境责任、劳动者责任（安全生产、职业病防治）和社区责任是其最为重要的社会责任。

第 5 章，主要对少数民族地区矿产资源型上市公司社会责任披露的状况进行了研究。在少数民族地区 22 家上市公司中，2013 年自愿披露社会责任报告的企业只有 9 家，资源披露比例约为 41%。社会责任披露的内容虽然对利益相关方都有涉及，但由于没有经过第三方验证，披露的内容不能保证真实性，也不具有完全可比性。

第 6 章，主要对少数民族地区矿产资源型企业社会责任的评价进行了研究。社会责任评价有评价主体、途径与方法等诸多内容，而企业的社会责任绩效评价是诸多内容中较为重要的组成部分，根据绩效评价结果，企业可以对社会责任进行针对性的管理。

第 7 章，主要对少数民族地区矿产资源型企业社会责任推进机制进行了研究。从政府、企业、行业组织的视角分别分析了推进少数民族地区矿产资源型企业积极履行社会责任的路径。

第8章，提出了推进少数民族地区矿产资源型企业社会责任的政策与建议。分别对政府、行业组织、企业提出推进企业有效履行社会责任的政策和建议。

第9章为本书的研究结论。

由于本人能力有限，加之受到时间、数据收集的制约，本书还存在诸多不足，恳请读者批评指正！本人将持续关注社会责任相关问题的实践状况和理论研究进展，不断拓宽知识的广度，继续加以研究。

赛娜

2015 年 3 月

▊目录

第 1 章　导论

1.1　研究背景

改革开放以来，我国经济呈现高速发展态势，相应地也产生了诸多社会发展的时期性不平衡问题，例如企业利益与社会利益、效率和公平的矛盾冲突日益加剧。为应对激烈的国际竞争，中国企业在日常的经营和发展中只是片面地追求经济效益，而把企业应履行的社会责任（Corporate Social Responsibility，CSR）置于一边，由此产生了一系列社会问题，如员工工作时间超时、工作环境恶劣、环境污染等，给企业本身和外界均造成了巨大的负面影响。同时，政府对企业社会责任管制和推动力度不够，消费者对其认识也尚显不足，使得企业发展的社会成本不断增加，社会热点问题不断出现，进而使得人们逐渐关注企业社会责任这一话题。

由媒体公布并引发的关于企业社会责任、企业道德底线问题的探讨，近年来不绝于耳。对企业缺乏社会责任的批评以及相关诉讼，使得国家、社会公众、媒体、行业组织都对这些问题的关注度持续上升。较为典型的实例有：安然事件、国内微型果冻噎死人事件、苏丹红事件、三鹿奶粉事件以及上海福喜食品有限公司存在大量采用过期变质肉类原料的行为等。从这些年发生的食品安全事件、医疗安全事件、员工安全事件来看，企业社会责任是企业自身建设的一个重点。

从社会学的角度观察以及从马克思对社会的概念——以生产关系为基础的社会关系构成所谓社会——出发，参考国内外学者的研究，本书认为社会是各种关系的集合体。这种集合体包括人口、自然、组织、文化等。社会也是人类相互有机联系、互利互惠合作形成的群体，是各种社会关系的总和。企业存在于社会之中，因此，企业与社会是共存共荣的关系，企业通过承担社会责任为社会的发展做出贡献时，也会提高自己的社会认可度，并受益其中。

1.2　研究缘起

当今社会，国际市场、消费者、社会利益群体对企业社会责任的期望越来越高，企业公民和社会责任思潮也在世界范围内扩展、壮大。中国的资源禀赋、社会意识和经济基础决定了中国企业在短期内还难以与西方发达国家的企业社会责任运动齐头并进，对于我国的企业社会责任建设来说，意识完善、利润创造、评级体制等各个方面要面临巨大的挑战。

国内学术界对社会责任问题的研究，经历了一个理论引进、辩论和结合进而理论创新的过程。突出的重点创新在于将西方社会责任理论的本质与我国科学发展观、和谐社会理论相结合，针对我国国情研究社会责任本土化方面提出了许多较新颖观点并进行了初步探索。

社会责任理论要求企业必须超越利润至上的传统理念，强调在生产中对人的价值的关注，强调对消费者、环境、社会的责任。受频频发生的矿难事故和环境污染事件等负面新闻报道的影响，矿产型企业一度成为社会舆论的焦点。自然资源是人类社会经济发展的必要条件和最基本的物质基础，经济要保持快速持续的发展离不开自然资源快速稳定的供给。正如古典经济学先贤们所指出的，自然资源对一个国家或地区的财富增长具有限制作用，或者说自然资源是财富增长的源泉及制约条件。

在所有自然资源中，矿产资源由于其不可移动性、分布的不均匀性以及可耗竭性等特征的存在，可以产生相对较高的经济价值，同时由于矿产资源是人类生产生活的能源和原材料的直接来源，因此其在工业化进程和区域经济增长中的战略性地位显得尤为重要和突出。党的十六届三中全会提出科学发展观，其主要核心是以人为本。以人为本、安全生产，是企业维护员工利益、实现对员工社会责任的重要体现，对于矿产资源型企业尤为重要。

内蒙古、广西、宁夏等少数民族地区矿产资源储藏量巨大，矿产资源开采价值极高，矿产资源开采对少数民族地区经济发展有很强的推动作用。矿产资源是稀缺的、不可再生的，企业在开采过程中开矿作业改变了土地外貌与使用方式，对周围环境产生长久的影响与改变，地下作业也对员工的安全与身体健康产生较大的影响。由于矿业投资都集中于资源丰富的开采地区，不容易进行撤资和转资，故对矿业开采企业而言，地方社区的稳定和社会环境显得至关重要。而在少数民族地区进行矿产资源的勘探与开采，根据《中华人民共和国矿产资源法》的相关规定，国家、企业在民族自治地方开采矿产资源，应当照顾民族自治地方的利益，作出有利于民族自治地方经济建设的安排，照顾当地少数民族群众的生产和生活。①

鉴于上述理由，本书将我国少数民族地区资源型企业的社会责任作为研究内容，立足于其特殊性，以"少数民族地区矿产资源型企业"这一特定企业群体为对象，研究少数民族地区矿产资源型企业社会责任推进机制，以便为此类企业快速发展奠定坚实的基础。

1.3 研究意义

现代社会不断健全、完善法律法规，对所属社会成员责任履行方面作出了明确的要求，然而法律确保责任履行总是被动的，社会发展需要增强社会成员的责任感和主动履行社会责任的自觉性。解决目前日渐突

---

① 参见《中华人民共和国矿产资源法》第一章第十条。

出的社会责任问题，不仅需要加强社会主义道德建设、法制建设，还离不开行业组织和地方政府的有力推动。本书以《少数民族地区矿产资源型企业社会责任培育机制研究》为题，具有比较重要的理论价值和现实意义。

1) 理论意义

无论是从企业发展实践还是从社会和谐发展、国际竞争力提升方面来讲，企业社会责任问题已经是经济全球化中企业必须面对的问题。加强企业社会责任管理，企业承担责任，不仅有利于社会，也有利于企业本身。由于少数民族地区经济发展相对滞后，社会责任意识淡薄，因此，研究少数民族地区具有代表性的企业——矿产资源型企业的社会责任问题，具有重要的理论价值。

（1）1994 年我国把"可持续发展"的理念和要求贯穿到国家纲要中，党的十六届三中全会提出了"坚持以人为本，树立全面、协调、可持续的发展观，促进经济社会与人的全面发展"。因此，在可持续发展理念下研究企业社会责任问题，有助于企业社会责任的进一步深化，有助于企业对于社会责任的认识与履行，对于共建和谐社会具有一定的理论指导意义。

（2）本书以少数民族地区矿产资源型企业作为研究对象，从哲学、经济学、社会学的角度来探讨企业社会责任问题的多个方面，具有学科交叉、整合的意义。

（3）本书限定少数民族地区为研究社会责任的主要范围，强调地方政府的积极作用，丰富了少数民族地区社会责任理论并提高了社会责任实际运作的有效性。

2) 现实意义

改革开放以来，少数民族地区经济迅速发展。但是其经济发展是以能源工业为依托，矿产经济对少数民族地区财政收入和 GDP 的贡献率目前占有很大的比重，在工业迅速发展的同时，生态环境却遭到严重破坏。同时，由于矿产资源型企业生产作业的特点及产品的特殊性，在环境保护、职工权益保障、产品安全及社区关系等方面都承担着比其他行业更多的责任，深入研究少数民族地区矿产资源型企业社会责任管理及推进体制，具有十分重要的现实意义。

1.4 研究方法

本书根据研究对象的特点，针对研究内容采用了以下研究方法：

1）理论分析方法

理论分析法是在已有理论研究的基础上，运用各种逻辑的和非逻辑方式进行加工整理，以理论思维水平的知识形式反映客观规律方法的总称。①本书运用可持续发展理论、三重底线理论、利益相关者理论来研究少数民族地区社会责任披露、管理、政策推进等问题。通过利益相关者理论说明矿产资源社会责任的利益相关者并分析了具体动因。

2）比较分析方法

由于我国社会经济发展水平的不均衡，少数民族地区推进企业社会责任不能照搬西方国家或我国东部发达地区的模式，但相互之间的借鉴和学习是必要的。本书通过对西方发达国家制定的社会责任标准和政府推动措施进行比较分析，以期对本书的论证有所帮助。

3）统计分析方法

本书通过查阅少数民族地区矿产资源型企业的财务报告、社会责任报告以及各个少数民族地区的统计年鉴等资料来进行数据收集，对社会责任披露、评价等方面的内容进行研究。

1.5 研究框架

本书首先在责任、企业社会责任、可持续发展、利益相关者等相关概念辨析的基础上，对少数民族地区矿产型企业社会责任的特点及其应承担的社会责任进行分析。然后，以少数民族地区矿产资源型上市公司为样本，对其 2013 年的社会责任报告进行梳理、统计，来分析少数民族地区上市矿产资源型企业社会责任披露存在原因。最后以可持续发展

---

① 杜静然.基于演化经济学理论的会计准则变迁研究［M］.北京：经济科学出版社，2013：5.

理念为指导，构建少数民族地区矿产资源型企业社会责任推进机制。技术路线图如图 1-1 所示。

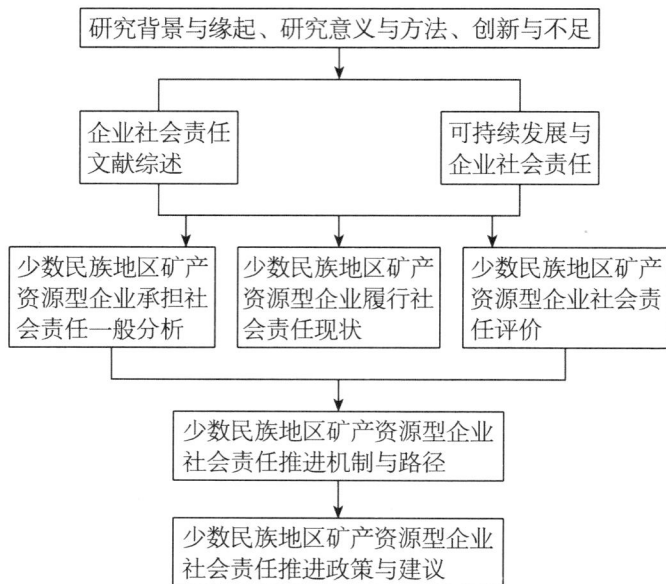

图 1-1 技术路线图

1.6 创新与不足

1）创新之处

利用利益相关者理论和可持续发展理论，探讨了少数民族地区如何推进企业社会责任的方法与措施。

（1）从可持续发展观念下倡导循环经济理论角度，来研究企业社会责任评价问题，在研究问题的切入视角上有一定的创新性。

（2）对于少数民族地区上市矿产资源型企业，利用利益相关者理论，构建了一个完整的企业社会责任绩效指标评价体系。对于非上市公司给出了较为简便、易行的图表评价法。

2）不足之处

（1）企业社会责任研究是一个涵盖多学科、多领域的一个综合研究方向，本书只涉及了少数民族地区矿产资源型这一类行业，而且是以上市公司为样本进行的数据统计，对中小企业的社会责任问题研究不够充分，对于不同公司组织形式的社会责任特质进一步研究不够深入。

（2）为了有效地对少数民族地区矿产资源型企业社会责任履行结果进行定量披露，需要对在生产经营活动中履行社会责任所花费的费用及效果进行定量计算以确定其是否有效。而本研究报告没有涉及社会责任会计的确认、计量、报告的过程。

第2章 企业社会责任一般概念和研究文献综述

2.1 企业社会责任的概念界定

2.1.1 社会的概念

社会的概念有很多种，本书不再一一罗列。从马克思给出的社会定义——以生产关系为基础的社会关系构成所谓社会——出发，推导出社会实质上是社会关系的统括与总和。社会主要由人、环境、社会文化构成。[①]社会关系主要是人与人之间形成的关系，例如家庭、组织、社区之间相互的关系。自然环境由于没有主观意志，不能形成主观关系。而社会文化是一种意识形态，随着每一个社会的物质发展而不断演变，会对社会有很大的影响。社会关系的相互作用如图 2-1 所示。由于社会文化对人、家庭、组织、社区都有影响，所以图 2-1 中没有列示。

---

① 易益典.社会学教程［M］.上海：上海人民出版社，2007：16.

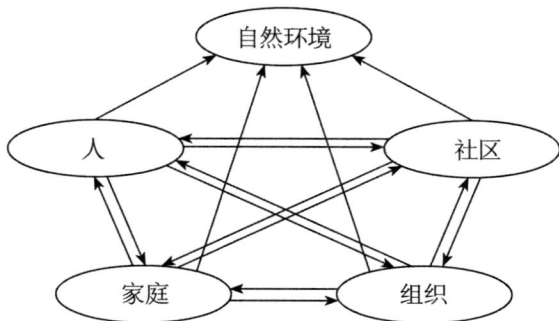

图 2-1　社会关系模型

资料来源　匡海波 . 企业社会责任 ［M］. 北京：清华大学出版社，2010：20.

2.1.2　责任及组织责任的含义

从哲学意义上讲，责任常常与因果性相联系，"责任的最一般、最首要的条件是因果力，即我们的行为都会对世界造成影响；其次，这些行为都受行为者控制；最后，在一定程度上它能预见后果"。[①]上述责任的含义说明，责任应当至少包括"分内应做的事"和"做不好分内应做的事而必须承担的法则"两个方面，这也就是我们通常所说的"应尽的责任"和"应当追究的责任"。

从社会结构分析中的社会组织分类可以看出，西方社会学家"根据组织的活动领域"的分类方法与我国现行组织分类方法相似，即分为政治组织、市场组织和非营利组织。本书将社会责任组织的类型划分为政府组织、非政府组织、非营利组织、企业组织。

责任论中的责任类型有两种，即法律责任和道德责任。社会责任的实现机制中的主体责任要求表明：责任主体"社会"对于客体"组织"的要求有法律责任、规制责任、道德责任和公益责任，具体关系如图2-2所示。

---

① 匡海波 . 企业社会责任 ［M］. 北京：清华大学出版社，2010：12-13.

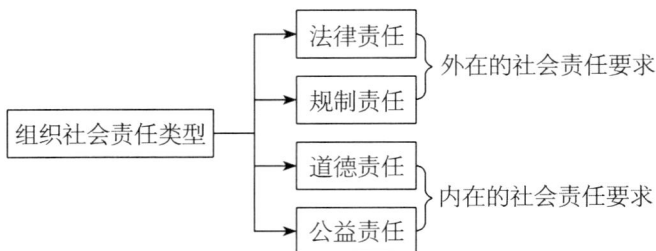

图 2-2　组织社会责任类型

资料来源　匡海波.企业社会责任［M］.北京：清华大学出版社，2010：22.

2.1.3　企业社会责任的内涵

　　从不同视角出发，企业有不同的概念。从经济学、法学、社会学、道德学的角度出发，每个学科对企业的界定都有所差异，本书选取经济学的定义来确定企业的本质。企业在从自由市场获得利益的同时应该承担相应的社会责任，诸如企业生产的负外部性所产生的环境问题，必须由企业承担对应的责任。

　　企业作为组织中的一员，其社会责任也包括法律责任、规制责任、道德责任和公益责任。企业社会责任这个议题被提出后存在诸多质疑，例如企业社会责任的履行是否自愿、企业履行社会责任的评判标准怎么定、企业履行社会责任是否会导致企业成本增加。企业社会责任的理念是随着经济不断发展和社会不断进步而产生与发展的，并不断丰富其内涵和内容。目前，理论界对企业社会责任尚无统一的定义，因为其内容所涵盖的范围一直在不断地变化。对于企业社会责任的定义有很多种，比较典型的有以下几种：

　　一般认为，企业社会责任是指企业在谋求股东利益最大化之外所负有的维护和增进社会利益的义务，即企业应对雇员、消费者、债权人、经济社会发展、自然资源、环境、社会保障等相关群体和相关事物负有的责任和义务。这种责任包括企业应承担的法定化的义务和非法定化的、由企业自愿履行并以国家强制力以外的其他手段保障其履行的道德义务。在经济较为发达的国家，遵从各种法律要求是企业的最低标准，同时，要更多关注企业的道德义务，并使之成为一种企业文化主导下企业的自觉行为，辅之以法律支持。

欧盟（2003）对于社会责任的定义为："为使它的员工、家庭、社区或地方社会达到经济发展、生活素质、社会凝聚、维护环境品质等方面的提升，也在生产、雇佣、投资上致力于改进雇佣与工作品质、劳资关系，尊重基本权利、机会平等、无歧视以及维持高品质的产品与服务、人体健康和良好环境等。"

欧洲社会投资论坛（2002）对社会责任的定义是："以道德价值观为准则，对员工、社区、环境采用公开与透明化的商业模式，以此获取股东需求甚至进一步达成社会整体的永续价值，其范围是广泛及复杂的。"

国际标准化组织对企业社会责任的定义为："社会责任是指组织通过透明和道德的行为，为其决策和活动对社会和环境的影响而承担的责任。这些行为致力于可持续发展，包括：健康和社会福祉；考虑利益相关方的期望；遵守适用法律，并符合国际行为规范；融入整个组织并在其关系中得到践行。"

2.2　企业社会责任的主要观点

企业来自社会并服务于社会，所以企业的社会责任离不开社会的发展现状和经济发展水平。从企业刚出现时的资本积累、利润最大化的经济责任，到如今跨国公司的快速扩张对于社会影响的日渐深入，都说明了企业对于社会需要履行相应的责任，社会也需要企业在组织系统内的配合与支持来推动它的前行。

2.2.1　企业社会经济责任观

在工业化初期，利润最大化就是企业的目标。以亚当·斯密为代表的盛行于18世纪的传统经济学流派的主要观点是，企业以最少的资源投入生产出社会成员所需要的产品，同时按照买卖双方都能够和愿意接受价格，将所生产产品转让给消费者，企业即履行了自己应尽的社会责任。也就是说，在法律许可范畴内追求利润最大化的行为就是企业在履行和承担社会责任。企业社会经济责任观可以说是关于社会责任最早的代表性观点。当然，在企业追求利润最大化之外，如果还承担社会慈善、环境保护等社会责任，企业的成本将会随之增加，利润随之降低，资产随之减少。

2.2.2　企业社会慈善责任观

19 世纪初期以来，经济增长水平迅速提高，企业家在物质需求得到满足之后，越来越关注由于进行社会捐赠行为所带来的道德荣誉感。企业家的社会捐赠行为主要有为企业中的雇员和所在地区的社区提供住房、建设学校、社会福利设施、社会娱乐设施等。企业家的这些社会捐赠活动在一定程度上反映出了企业家个人的价值追求和道德水平，许多富有的企业家如杰拉德、洛克菲勒和卡耐基等陆续成立了基金会，专门从事社会慈善事业。但是，当时的社会捐赠行为都属于企业家的个人行为，并非集体决策所形成的企业活动。集体决策所形成的以公司资产进行的社会捐赠行为才是企业活动，即企业承担社会慈善责任。企业慈善责任即企业自愿参与可能并不是由法律或伦理要求的社会活动，它是社会对企业成为杰出"企业公民"的基本要求之一。一个杰出的"企业公民"的社会责任不仅仅是追求利润，为社会创造财富，更要广施慈善。

2.2.3　企业社会道德责任观

19 世纪中后期，随着股份公司成为企业最主要的组织形式，从事慈善活动的主体也渐渐地从企业家个人扩展到了公司。进入 20 世纪之后，伴随工业化进程的加快，社会上出现了众多涉及公众的社会问题，例如工业事故频繁发生、企业雇员缺乏社会保障、公司管理层滥用自己的优势地位等。基于这样的背景，社会公众要求公司在从事经营活动时必须遵守符合全社会价值追求和理念的商业伦理，承担相应的社会责任。面对外界的强大压力，企业必须作出回应。当时，"主动管理企业社会责任还是被动应付社会责任"是企业社会责任管理的首要问题。企业出于避免政府监管和追求最大化利益的考虑，主动承担社会责任对企业而言是一种理性选择。这就是企业社会道德责任观。企业有责任去造福或服务于社会公众，一方面企业可以追求利润最大化，另一方面在满足公众需求的同时获得社会认可。

2.2.4 企业社会责任观

20世纪中后期开始，工业经济蓬勃发展，企业合并盛行，大型跨国公司大量涌现。大型跨国公司的出现导致垄断行为的发生。于是，社会上出现了许多问题：劳工失业情况愈演愈烈，众多社会普通成员生活难以为继，社会贫富分化日益悬殊，社会矛盾激化；资源开发无序，环境问题急剧增多；消费者维护合法权益的难度增加等。上述社会问题层出不穷使得企业履行社会责任实践行为发生演化，由最初的企业自发性行为逐渐演变为受多种因素和动机共同影响和耦合作用的复杂性行为。这种复杂性的社会行为不仅影响广泛，而且备受当时社会各界关注。此时，社会各界纷纷参与到环境问题、消费者权益问题和劳工问题等企业履行和承担社会责任问题的争论当中，争论的结果是社会各方认同企业应该在经营目标之外承担社会责任。这就是企业社会责任观。该观点认为，由于企业与社会之间具有各种各样的联系，当社会发展过程中产生问题时，企业作为社会的成员之一，应该积极主动承担社会责任，解决社会发展过程中产生的各种问题。企业的社会责任不仅是为了满足社会最低期望承担的义务，而且是为最大限度地改善社会福利而主动采取的行动。

在世界经济日益全球化的今天，随着跨国公司、通讯技术的发展，企业在社会发展中的作用越来越重要，所承担的社会责任也日益增多。今后，企业活动的变化与丰富会影响并改变世界，而世界的发展潮流与经济走向也会对企业未来进行引领。

2.3 企业社会责任的理论基础

2.3.1 利益相关者理论

利益相关者理论是随着企业不断发展壮大，在企业对社会影响程度逐渐加深的背景下提出的。该理论在 20 世纪 60 年代左右提出，与之对立的理论是股东权益至上理论。在这个阶段，对企业社会责任，也就是说企业能否超越股东利益、关注社会利益是一个有着很大争议的问题。而且，这里面还有一个企业家在配置企业资源时应该拥有多大自由裁量权的问题。企业家作为众多股东的代表，是受托管理，把企业资源用于社会公益事业，是否侵犯了股东的利益？这在当时存在着很大的争议。

利益相关者理论的主要代表人物有很多，最早提出企业利益相关者概念的是美国学者伊戈尔·安索夫（Igor Ansoff），他在 1965 年出版的《公司战略》书中，最早使用了"利益相关者"，并指出"企业平衡各类利益相关相互冲突的索取权，他们可能包括管理人员、工人、股东、供应商即顾客"。[①]20 世纪 70 年代以后，利益相关者理论逐渐被理论界所认可，并衍生出广义利益相关者与狭义利益相关者。

广义利益相关者的主要代表人物是美国经济学家弗里曼与克拉克森。弗里曼于 1984 年出版了著名的《战略管理：利益相关者管理的分析方法》，在书中他提出了利益相关者管理理论。其观点是，企业的高层管理者为了使得企业各个利益相关者的利益达到平衡，就需要进行相应的管理活动。相对于传统的股东权益至上理论，利益相关者理论指出，每个企业的发展都无法脱离利益相关者的活动，企业追求的利益最大化，应该是利益相关者的整体利益的最大化，而非企业自身利益最大化。[②]在关于社会责任的定义中，以弗里曼与克拉克森研究定义更具代表性，而弗里曼的定义在实证研究中存在一定缺陷，难以实现。

狭义的利益相关者的代表人物是卡罗尔与米切尔。卡罗尔（Carroll，1979）认为，"企业社会责任乃是某一特定时间社会寄希望于企业履行义务。社会不仅要求企业实现其经济上的使命，而且希望其能够尊法度、重伦理、行公益，完整的企业社会责任为企业的经济、法律、伦理和自由决定其履行与否的责任（慈善责任）之和"。[③]20 世纪

① 匡海波 . 企业社会责任［M］. 北京：清华大学出版社，2010：52.
② 贾生华，陈宏辉 . 利益相关者的界定方法述评［J］. 外国经济与管理，2002.（5）：13-18.
③ CARROLL A.A three - dimensional conceptual model of corporate performance[J].The Academy of Management Review,1979,4：497-505.

90 年代中期，米切尔经过对利益相关者定义的归纳总结，提出了一种评分方法，对利益相关者进评分。

20 世纪 90 年代后期对于企业社会责任利益相关者的研究，从理论层面上升为实证检验，代表人物有克拉克森、汤普逊（1991）、伯曼等学者。

2.3.2　社会契约理论

社会在契约理论是 16—17 世纪出现，是近代以来极有影响力的一种关于国家的学说。①社会契约理论早期的代表人物是洛克与卢梭，代表著作是科斯于 1937 年出版的《企业的性质》一书。从 20 世纪 80 年代开始，社会契约理论被运用于企业方面研究，企业作为社会的一分子，是契约的结合体。例如，员工与企业缔结契约为之工作，企业与客户缔结契约保证产品的安全与可靠，企业与国家缔结契约确保依法纳税，所以企业的全部活动都是以契约为基础的，企业的本质就是契约关系。企业通过契约关系确定了企业的利益相关者，进而产生了企业的社会责任。

2.3.3　可持续发展理论

1972 年，联合国在瑞典首都斯德哥尔摩召开了"人类环境会议"，该会议通过了《人类环境宣言》和《人类环境行动计划》两个文件，两个文件主要提出了经济与环境协调发展的理念。在 1987 年联合国环境与发展委员会组织召开的会议上，挪威首相布伦特兰夫人发表了《我们共同的未来》的研究报告，其中正式提出了"可持续发展"这个概念，即"既满足当代人的需要，又不对后代人满足其需要的能力构成危害的发展"。从此，各国学者开始研究可持续发展的相关问题。1992 年 6 月，世界环境与发展首脑会议召开，此次会议对"可持续发展"进行了具体解释，同时通过了《21 世纪议程》等文件，全世界都在关注可持续发展这个问题。首先，发达国家在本国范围内对"可持续发展"理念

---

① 李淑英. 社会契约视野中的企业社会责任［J］. 中国人民大学学报，2007（2）：51—57.

进行实践，取得了一定成就。随后，各个国家纷纷效仿，社会公众也都接受了"可持续发展"这一概念。按照联合国环境与发展委员会对"可持续发展"概念的解释，它首先是要尽可能地提高自然资源的使用效率，即提高"生态效率"，它归于环境问题范畴；其次，可持续发展不仅关注于当代的"生态效率"，还要将环境资源在这一代人以及后代之间公平地使用，即发展"生态公平"，它归于社会问题范畴。因此，经济发展不能以牺牲后代人的利益来换取当代人的经济利益。可持续发展的目的是实现人类、环境与经济的良性发展，它关系着人类社会的长期发展。

2.3.4　全球化的企业公民理论

20 世纪 70 年代，英国首先提出了"企业公民"这一概念。所谓"企业公民"，是指："企业是社会的一个主要部分；企业是国家的公民之一；企业有权利，也有责任；企业有责任为社会的一般发展做出贡献。建立企业公民理念，不仅意味着企业主动承担更多社会责任，还包括对其参与社会环境改造的权利与义务的法律保障。"①

对于企业公民的理解有三种说法：第一，企业是公民；第二，企业像公民；第三，企业管理公民权。企业是公民强调企业既有权利又有义务；企业像公民是指企业法律地位上看并不是公民，其他领域像公民。企业管理公民权是指在国家不再是公民权的唯一担保组织后，企业可以进入该领域接管某些政府职能。

2.3.5　三重底线责任理论

英国学者约翰·埃尔金顿在 1997 年第一次提出"三重底线"学说。所谓的"三重底线"包括了经济底线、环境底线和社会底线。他认为，一个企业之所以能持续发展，立于不败之地，最重要的不是只想着如何实现盈利的最大化，而是始终坚持三重底线原则，或称作三重盈余，即企业盈利、社会责任、环境责任三者的统一。在实践中会发现，

---

① http://baike.haosou.com/doc/6848720.html.

当企业不把盈利作为唯一出发点时，它反而成了水到渠成的结果。因为单纯追求盈利，忽略社会责任和环境责任，企业就有可能走向消费者和全社会的对立面，将面临无源之水、无本之木的困境，既不可能做大，更不会做强。企业的社会责任，不单纯是捐赠和慈善事业，它有更广泛的内涵：既包含遵守法律、善待员工，也包含提供优质的产品和服务，满足社会的需求。企业的环境责任其实包含在社会责任之中，把它单独提出来强调，是因为我们深深体会到环境的脆弱性和对人类的重要性。没有良好的环境，任何产品的消费都是低质低效的；没有对资源的节约和循环使用，别说是企业，人类的进步也难以为继。企业盈利、社会责任、环境责任，这三重底线，是企业的立身之本，更是企业不断发展、长盛不衰的根基。

2.4　利益相关者视角下的企业社会责任的内涵

首先，社会责任是一种理念，而不能简单地分解为不同的责任。作为专有名词，社会责任是一种理念，与我们日常生活中所说的各种责任并不完全是一回事，少数人可能会把企业的社会责任简单地理解为慈善，或者是单向的公益事业，这是偏颇的。从社会本质上看，考虑并满足利益相关方的需要和期望是社会责任活动的核心之一。所谓利益相关方，是指在利益关系上影响企业运营和受到企业运营影响的有关各方，包括股东、内部员工、社区、环境、消费者等。显然，离开了利益相关方，企业社会责任无从谈起，企业应该建立有效的机制，正确识别利益相关方，保持有效的沟通，提高利益相关方对企业的认知度、认同度和支持度。

2.4.1　企业对股东的责任

股东是企业的投资者，企业与股东的本质关系是投资关系。企业对股东应该承担的首要责任，是在企业经营活动中股东权益不受侵害，使其收益最大化。在经济日益发达的今天，投资方式层出不穷，内容多元化，致使潜在投资者、股东人数迅速膨胀，潜在投资者与股东成为社会成员中的重要力量。因此，企业与股东的关系日趋演变为企业与社会之间的关系，二者是否和谐，直接关系到社会的稳定和经济的健康发展。

1）企业对股东权利的保障与尊重

首先，企业承担对股东的法律责任，该责任是企业对股东所承担的最基本的责任，它是作为社会一员所应履行的最低限度的责任。企业对股东的法律责任，是指企业要在法律框架内进行各项活动，享有法律赋予其发展的权利。

2）企业对股东的资金安全与收益的责任

企业对股东的资金安全和收益承担责任，投资人将自己的资金委托给企业的目的就是获得资金回报，这是股东最基本的期望，企业理应满足其基本的期望。企业从事任何活动必须以给股东带来资金回报为目的。

3）股东对企业有知情权利

企业承担向股东提供真实信息的责任，高质量信息是股东了解企业的渠道，了解信息的股东才能够决定其是否投资。投资后，股东有权利知悉资金的保值增值情况，因而企业就有责任向股东提供真实的信息。一般来说，公司财务报告是企业向股东提供信息最主要的渠道。因此，公司有责任及时、可靠地向股东提供公司财务报告。

2.4.2 企业对雇员的责任

企业与员工之间的关系有经济关系、法律关系和道德关系。经济关系实质上就是雇佣关系；法律关系是对经济关系的法律保障；道德关系是在前两个关系下的普遍性的伦理约束。企业对员工的责任包括：职业安全与健康、劳动权益、劳动沟通渠道与申诉。具体内容如下：

1）职业安全与健康

职业安全与健康的具体内容包括：劳动条件和社会保障；劳动健康和安全。企业不应因为工作环境本身而损害员工身体健康。例如，采矿行业、化工行业、深海作业工作环境恶劣，企业就必须认真执行国家规定的劳动保护与轮休、假期等制度。

2）劳动权益

劳动权益是工人的基本权益，包括确保非歧视性就业，劳动者的岗前培训、后续教育、劳动合同、工资福利、工作时间和加班工资、押金问题，尊重工人和未成年工权益等。

3）劳动沟通渠道与申诉

劳动者属于企业的一分子，有权利参与企业管理、发表自己的意见与建议。管理层与工人之间的沟通应是双向沟通，可以采取的方法包括会议、意见箱、宣传栏、员工手册和员工代表方案等。

2.4.3　企业对消费者的责任

企业通过把产品销售出去创造利润，在当前买方市场前提下，消费者有较大的选择权。企业对消费者的责任体现在四个层次，即商品安全的责任、商品知情权利和选择权的确保、消费者投诉和售后服务的确保。

1）商品安全的责任

消费者是产品的最终拥有者和使用者，对消费者负责就是要不断地开发和生产出更优良的产品，全方位地满足市场不同层次用户的个性化需求，并提供最完善的服务。企业要坚持"质量第一"的原则，严格质量管理。不以不合格产品冒充合格产品；不伪造或冒用认证商品的标志、不伪造或冒用名优标志；不伪造或者冒用商品的产地、其他企业的名称、地址。

2）商品知情权利和选择权的确保

企业宣传信息要如实地反映企业产品的实际状况，符合国家有关规定，其宣传内容必须真实、健康、清晰，不能以任何形式欺骗用户和误导消费者。只有让消费者充分、完整、真实地了解产品信息，才能确保消费者充分行使自由选择权。

3）消费者投诉和售后服务的确保

尊重和公平对待消费者，建立良好的客户关系、提高客户满意度是企业承担对消费者责任的重要体现。每个企业必须向消费者提供及时和快捷获取所销售产品的信息途径，建立健全售后服务体系，妥善、快捷处理顾客的投诉，接受消费者的合理化建议，不断改进售后服务和投诉机制。

2.4.4 企业对政府的责任

在现代社会中，政府的主要作用表现在三个方面：其一是政府作为理性"经济人"在市场中追求自身的利益最大化；其二是政府为了社会有序运行对经济进行适当调整；其三是为了维护市场的"公平"与"效率"，设计、推行、监管必要的社会制度。企业作为市场主体这一"社会公民"，理应接受政府的"干预和调整"以及执行政府设计的各种制度，接受政府监管。具体而言，表现为"合法经营"、"照章纳税"等具体行为，这些具体行为是企业对于政府承担的经济责任。

1）合法经营与照章纳税

企业对国家负责是其根本职责。合法经营是指企业按照国家的法律规定进行公司设立、生产活动、经营活动，具体内容包括守法合规与反腐败、反商业贿赂。企业除了生产成本之外，还负担某些社会成本。所谓社会成本，是指为了生存、发展或者履行非经济性的社会职能，企业所发生的生产成本之外的成本部分。[①]它主要包括税务成本、职工责任成本、环境成本、公益福利成本。企业依法纳税可以说是企业必须支付的社会成本，这体现了纳税是企业公民的义务，也是占用政府公共资源的另一种表现。

2）推动社会的可持续发展

各种类型的组织机构构成了现代社会、组织机构之间的交互活动使得现代社会得以运行。因此，可以认为现代社会是"组织（机构）型的社会"[②]。换言之，组织是现代社会构成和运行的基础，企业作为一种组织是现代国家不可或缺的社会资源。企业资源是否充足和企业资源配置的有效性在一定程度上决定了一个国家的发展水平，也决定着社会的文明程度。企业社会责任作为一种社会资源配置机制，它是处理自身与社会关系的一种新范式，这种资源配置机制的建立及其有效运行，在很大程度上能够提升资源配置效率，推动社会的可持续发展。

---

① 智红霞，李松林.企业社会责任研究：驱动力、内容与方式［J］.财会通讯，2008（21）：65-67.
② 德鲁克.公司的概念［M］.罗汉，等.译.上海：上海人民出版社，2002：67.

2.4.5 企业对社区的责任

企业发展与社区建设是一种相互依存、相互影响、共同发展的关系。企业积极承担社会责任，为社区发展做出贡献，需要企业在人、财、物等方面有一定的付出，但这种付出并不是单向的，企业同时也是受益者。不仅如此，企业所在社区的人文环境如何、建设水平高低会对企业产品质量、管理水平、职工队伍建设产生显著的影响。企业对社区的社会责任主要表现为以下几个方面：

1）积极参与社区活动

企业应根据自身特点和所在地区的具体情况来决定如何参与社区活动，概括起来有以下几个方面：（1）从企业社会责任的高度认识企业与社区共建问题；（2）模范遵守所在城市和社区的管理规定，自觉接受社区的日常管理；（3）关心社区的规划、建设、管理和发展，及时提出自己的意见和建议；（4）积极参加社区组织的有关活动，如公益活动、文化活动等（企业公益捐赠行为，也称为慈善公益，是企业自愿将财物赠送给予与企业没有直接利益关系的受赠者用于慈善公益事业的行为）；（5）发挥企业在专业和技术方面的特长，根据企业自身能力，在人、财、物等方面为社区发展做出贡献；（6）把企业文化建设和社区文化建设结合起来，特别是在教育、科普、文化娱乐和扶贫济困等方面；（7）企业领导主动定期走访社区，听取和交换意见；（8）安排专门部门和人员与社区保持经常联系。

2）员工志愿者活动

企业作为所在社区的一员，其经营活动时时刻刻影响着社区，因此也必须履行其义务。企业员工进行的志愿活动包括"应公司要求由全体员工共同参加的活动"和"员工自发地以个人身份进行的活动"。这些活动一般包括美化环境活动、献爱心活动、支持社区培训活动、公益建设活动、公益宣传活动、参与 NPO 或 NGO 的志愿活动等。

2.4.6 企业对环境的责任

任何事物都是一把双刃剑，传统工业经济的迅速发展也是一样。它在给人类带来众多物质财富的同时，也对人类赖以生存的自然环境带来严峻的挑战。伴随着工业经济的快速发展，人口剧增、资源枯竭和环境恶化的矛盾所引起的环境恶化问题，已经成为人类生存与社会发展必须予以高度重视的关键问题。如何正确解决这一难题，直接关系到人类生存与社会发展。因此，改变传统经济以"高投入、高消耗"为特征的经济发展模式，探寻更加健康、更加长效的经济发展模式就成为需要解决的一项重大课题。

社会的可持续发展不能离开人类赖以生存的自然资源环境，经济发展规模和速度要与环境承受能力或承载能力相适应，必须在人口数量适度、资源充足和环境保护的同时推动经济建设和社会发展。企业的生产经营活动是导致自然环境被破坏和环境污染重要的原因之一。在企业的生产经营活动中，会涉及大量的环境活动，比如利用水资源、矿产资源等作为原材料，生产过程中排放废水、废气、废渣等。所以，企业对于环境肩负着不可推卸的责任，具体如下：

1）树立环境管理的战略理念

企业是一系列委托代理关系的组合。企业经营管理者承担着向委托者报告企业经营活动的受托责任。传统受托责任是指企业经营管理者对于委托者所委托财产经营管理并实现保值增值的责任。伴随着环境问题的日益突出，企业对环境承担责任也必然成为企业的一种受托责任。为了实现企业的可持续发展，现行企业都在进行战略管理。由于战略管理更关注企业的长期发展和长期利益，环境管理自然就成为战略管理的一个组成部分。将环境管理纳入企业战略管理改变了企业仅仅关注短期利益的做法，要求企业结合环境管理的要求，更多关注长远发展和长期利益。

2）倡导循环经济，注重清洁生产

20世纪60年代，循环经济的思想开始在美国盛行。循环经济是一种与传统经济相对的经济发展模式，作为一种崭新的发展模式，它代表了经济发展的未来趋势。关于循环经济，迄今为止理论界并没有达成一个统一的定义。但各种定义具有共同特征，即在物质的循环和再生利用基础上，持续发展经济。换言之，循环经济作为一种新型的经济发展模式，其基础是资源的回收循环和多次重复利用。可见，循环经济是相对于传统经济模式而言的，它以资源的有效利用和重复利用为中心，其基本原则是"减量化"、"再利用"和"再循环"，即"3R"原则，其主要特征是"低消耗"、"低排放"和"高效率"。因此，循环经济是对"大量生产"、"高消费"和"高废弃"的传统增长模式的彻底革新，是一种符合可持续发展理念的全新的经济增长模式。

改革开放以来，我国经济实现高速增长，但增长的代价非常巨大，不可再生资源储量迅速下降，自然环境状况日益恶化，经济高速发展与资源环境日益恶化的矛盾愈加尖锐。其原因很大程度在于我国传统的经济发展模式，我国传统的经济发展模式是高消耗、高排放、低效率的粗放型经济发展方式。所以，要解决经济发展与资源环境之间的矛盾，就必须放弃粗放型经济发展模式，采用循环经济发展模式，即在资源回收循环、资源再利用基础上的新型经济发展模式，从而实现环境、经济和社会全面协调的可持续发展。建立和发展循环经济是贯彻落实科学发展观、构建资源节约型和环境友好型社会的一项重要的措施。

2.4.7　商业伙伴的责任

当前，国内外的知名企业对社会责任问题特别重视，它们在进行投资和融资时，常将对方企业的社会责任意识和社会责任履行情况作为合作前提之一。如果一个企业具有强烈的社会责任意识，且社会责任管理工作卓有成效，那么就将获得更多的投资和融资机会，从而提高企业竞争力和效益。商业伙伴主要是指供应商和销售商。商业伙伴与企业存在着密切的利益关系，企业实现其对商业伙伴的责任将会得到一个双赢的结果，即良好的商业伙伴关系和对商业伙伴的监督。

2.5　企业社会责任在我国的发展及影响

企业社会责任"是嵌入于特定社会结构的企业在与资源、环境、社会等非经济因素互动中形成的责任综合体，是经济理性与社会理性、形式合理性和实质合理性的统一，它可以避免'发展异化'（即经济发展对社会的背离），有效促进经济与社会的整合，进而促进一个国家的社会进步和健康发展"。[①]1978 年，我国开始改革开放。1993 年，我国建立社会主义市场经济制度。2001 年，我国加入 WTO。目前，我国经济已渐渐融入世界经济发展之中。与之相适应，关于企业社会责任的内涵、评价等在我国的影响也是一个循序渐进的发展和完善过程，即我国企业社会责任的发展与我国经济发展进程紧密相连、难以分割。

2.5.1 企业社会责任在我国的发展

1）企业社会责任初始阶段

1993 年，党的十三届三中全会出台《中共中央关于经济体制改革的决定》后，原有的计划经济体制逐渐走向有计划的社会主义商品经济。经济改革使企业变成独立的商品生产者和经营者。只有企业成为独立的法人组织，才能谈到现代意义上的企业社会责任。在这一时期，国家陆续颁布各项法律法规，初步创立了企业承担社会责任的法律环境。1994 年，《中华人民共和国公司法》（以下简称《公司法》）的颁布确立了企业的法人地位，确定了履行社会责任的法律主体。同时，与之相适应，《中华人民共和国环境保护法》（以下简称《环境保护法》）、《中华人民共和国工会法》、《中华人民共和国劳动法》（以下简称《劳动法》）、《中华人民共和国安全生产法》（以下简称《安全生产法》）、《中华人民共和国消费者权益保护法》（以下简称《消费者权益保护法》）、《中华人民共和国公益事业捐赠法》的陆续推出，形成了企业履行社会责任的法律基础和底线。

20 世纪 80 年代末 90 年代初，企业的法人地位和企业的法律环境刚刚形成，企业主要是履行以法律责任为基础的经济责任，并以追求利润最大化为目标。同时，部分企业开始承担扶贫和捐赠的社会责任，其标志包括 1989 年启动的"希望工程"和于 1994 年分别成立的中国光彩事业促进会和中国慈善总会。

---

① 李伟阳.企业社会责任是国家重要的战略资源［J］.WTO 经济导刊，2012（11）：66-68.

2）企业社会责任发展阶段

2006 年，我国企业社会责任进程跨入了一个新的时期，法律层面、国家战略层面都对企业履行社会责任作出更加明确的规定。首先，在 2006 年 1 月 1 日生效的《公司法》修正案在其总则第五条中，明确规定"公司从事经营活动，必须遵守法律、行政法规，遵守社会公德、商业道德，诚实守信，接受政府和社会公众的监督，承担社会责任"，十分鲜明地提出公司要承担社会责任，并提出遵守法规和社会公德的具体要求。其次，2006 年 10 月，在党的十六届六中全会上审议通过的《中共中央关于构建社会主义和谐社会若干重大问题的决定》中，明确提出"广泛开展和谐创建活动，形成人人促进和谐的局面。着眼于增强公民、企业、各种组织的社会责任"，不但对企业履行社会责任提出了明确的要求，而且要求公民、各种组织都要增强社会责任。

从 2006 年开始，各级政府部门开始积极加入到社会责任探讨活动中来。从"中国企业社会责任国际论坛"到"建设和谐社会与企业社会责任（深圳）论坛"，参加的部门包括国家发展改革委、商务部、劳动和社会保障部、环保部、安监总局、国资委、国家工商总局、国家民委等，都有副部级以上的官员从不同的视角来讨论和加强企业社会责任的重要性。由于政府的积极参与，社会责任推广运动开始向纵深、系列化方向发展。无论是在上海举办的企业社会责任优秀案例国际展，还是首届公益创新奖、世界未来 500 强、中国企业社会责任调查等，都从企业社会责任实践的角度，切实促进企业的经验交流，提高公司履行责任能力。与此同时，地方政府开始推进企业社会责任管理建设。

在这个进程中有一个重要的事件，那就是在 2006 年国家电网公司向社会发布了第一份企业社会责任报告，它填补了中国企业履行社会责任的一个空白。此后，我国的国有企业、民营企业和外资企业都自愿、主动地加入到了履行社会责任的行列中。

2.5.2 企业社会责任对我国的影响

在全球经济一体化的背景下，社会责任问题受到世界各国及各社会团体、行业组织的广泛关注。随着我国加入 WTO，经济全球化步伐加快，对外出口持续增长，公司的社会责任变得越来越重要，社会责任认证也逐渐成为企业一个必须面对的问题。

1）积极方面

随着经济的发展，国际化潮流持续推进，企业社会责任理念不断深化，整个社会都意识到企业不应以营利为最终目的，更应该关注利益相关者的利益。例如在生产经营中开始注重对环境的考量，为员工提供更好的工作环境和教育培训、福利待遇，为企业所在社区服务，为消费者提供可靠安全的产品等。企业通过重视和加强社会责任管理，在企业各个环节落实社会责任的实施，最终达到企业和社会的可持续发展。

在经济一体化的前提下，跨国公司与企业集团在寻找供应商、贸易伙伴时，由于对社会责任问题的日益关注，因此经常把社会责任作为重要条件或前提。如果企业进行社会责任绩效管理或进行社会责任认证，那么将会为自身带来更多的订单和贸易机会，提升企业竞争力，使经营效益得到提高。

树立企业社会责任理念可以防止大公司滥用经济力量。据统计，仅世界 500 强企业的财富就占全世界财富的一半以上，而且随着经济一体化进程的推进，跨国公司的实力会影响到社会乃至国家政策的走向。因此，大公司对社会的影响会伴随着经济的发展日渐显著，强化大公司的社会责任可以防止其经济力量被人为地滥用、损害社会利益。

在社会责任观的演变过程中，不难看出，社会责任的履行无疑会促进和保护劳动者的基本权利。我国政府通过制定《劳动法》、《安全生产法》等相关法律法规对劳动者取得劳动报酬、休息休假和劳动安全卫生等权利予以保护。但对于法律最低限度之外的道德约束，我国还很欠缺。在建立道德约束过程中，国际上通用的 SA 8000 等社会责任标准是可供参考的标准。虽然我国大部分企业暂时仍然不受这些道德标准的约束，但作为一种道德约束，会对企业起到警示作用。在现阶段，中国政府可以用 SA 8000 来约束中国境内的海外跨国公司，从而为在这些跨国公司工作的中国员工争取更多的劳动薪酬、休息休假以及安全卫生等权利。同时，该做法也能够对国内企业起到道德约束方面的先导和示范作用。

企业履行社会责任有利于保护利益相关者的合法利益。在市场经济条件下，企业因其经济实力强大，加之利益相关者与企业之间的信息不对称，它往往会为了自身的利益而损害利益相关者的合法权益。所以，强调企业履行社会责任、规范企业行为在社会范围内显得尤为重要。

企业履行社会责任有利于吸引人才，提高企业竞争力和防范风险。人力资源是企业资源范围内最重要的资源，企业承担社会责任有利于增强企业的凝聚力，调动和激发员工的积极性、创造性。优秀的人才会提高企业创新水平，改变生产方式，为企业能够长久、稳健的发展提供技术支持。

2）消极方面

随着社会责任标准认证成为发达国家的市场准入条件，它逐渐演化成为我国产品出口的新贸易壁垒。跨国公司实施社会责任标准认证（如SA 8000、ISO 14000 等）的目的之一是以强化社会责任管理为借口，通过社会责任认证这一途径把我国人权问题与贸易连接起来，进而达到贸易保护的最终目标。事实证明，社会责任标准认证已经成为我国企业进入跨国公司供应链或产业链，以及产品出口国际市场的重要前提，达不到这一标准的企业与产品均会被拒之门外。其中，我国的纺织业、服装业、玩具制造业、制鞋业、日用品行业受到的冲击最大。在现阶段，如果我国盲目地推行社会责任认证，必将限制本国商品的出口，将更多的中小企业拒之于全球供应链之外。这最终会导致我国出口萎缩，遏制本国经济的发展。

由于企业社会责任标准认证需要企业投入大量的资金，这必然会增加企业的运营成本，导致产品价格升高，其最终结果是降低了企业产品在国际市场上的竞争力。目前，我国大部分企业社会责任标准的建设都是以西方相同类型企业社会责任标准为参考的。然而，我国文化传统的特殊性，决定了我国与西方国家具有不同的价值观念、经济制度、法律制度和文化制度。因此，西方国家的社会责任标准许多具体规定并不符合我国国情，对我国企业没有普适性。

另外，成本的增加以及过于频繁的检查势必会给企业加重负担。当审核人员在检查过程中发现企业履行社会责任的实际情况与社会责任标准有差距时，企业就必须进行整改，整改又需要成本的投入，差距越大，需投入的费用就越多，企业整改成本总额也就越多。对于跨国公司来说，一般需要通过多家认证机构的检查，频繁的检查经常影响企业正常的生产秩序和进度，从而使企业的利益遭受一定损失。除此之外，认证机构的认证费用标准很高，多家认证机构的认证（检查）费用会大幅度提高企业经营成本，也使得企业利益受损。

2.6　企业社会责任研究文献综述

2.6.1　企业社会责任学术研究概述

改革开放以后特别是 2006 年以来，企业社会责任问题一直为理论界广泛重视。大量学者基于不同视角，基于不同理论基础和研究方法对企业社会责任相关问题予以深入、细致和全面的考察，主要涵盖了企业社会责任内涵、中国企业承担社会责任的现状、影响企业履行社会责任的因素、企业社会责任绩效评价、企业社会责任实践方式等领域。关于企业社会责任的学术论文、课题及出版的著作数量大幅增长，具体情况见表 2-1。

表 2-1　企业社会责任相关学术论文、课题及著作数量情况表

年份	2006 年	2007 年	2008 年	2009 年	2010 年	2011 年	2012 年	2013 年
数量（篇）	7 879	1 158	13 503	13 932	14 668	15 049	18 250	16 209

资料来源　国务院发展研究中心企业研究所 . 中国企业发展报告 2013[M]. 北京：中国发展出版社，2013.

一方面，这些研究成果对于推广社会责任理念，对企业展开社会责任管理提供了理论指导；另一方面，这些研究成果对企业社会责任在我国的现状进行了总结和反思，为促进今后企业社会责任发展提供了帮助。

学者们对社会责任的研究从概念界定、内涵与外延，渐渐拓展到企

业履行社会责任的内容、企业社会责任认证、企业履行社会责任的方式以及社会责任管理等方面。从利益相关方的角度、社会契约的视角、企业可持续发展与企业绩效关系的角度、企业履行社会责任的动因的角度等多个层次与视角来研究我国企业社会责任问题。

2.6.2 对于企业社会责任内涵的研究

华慧毅 1985 年发表在《瞭望》周刊第三期上的文章《企业社会责任——访南化公司催化剂厂》是我国第一篇关于社会责任的文章。1990 年由袁家方撰写的《企业社会责任》一书出版,它是我国首部关于企业社会责任的学术著作。在该书中,企业社会责任被定义为"企业在争取自身的生存与发展的同时,面对社会需要和各种社会问题,为维护国家、社会和人类的根本利益,必须承担的义务"①,主要从纳税、自然资源、能源、环保、消费者等几个方面分析企业的社会责任。

周勇(2003)认为,"企业社会责任是指基于企业经济责任、法律责任的企业道德责任和慈善责任;从企业利益相关者角度来看,企业作为一个基本社会单位和经济主体,其利益相关者是指所有与企业利害攸关的个人与团体,包括投资者、管理人员、客户、员工、供应商及该企业所在社区,甚至是所在国家的全体公民"。②郑孟状、潘霞蓉认为,"所谓社会责任,乃指企业在谋求股东利益最大化之外所负有的维护和增进社会改革利益的义务"。③林军(2004)运用社会契约理论分析了社会责任的三个要素,并指出企业社会责任的出现与发展是企业与社会之间不断变化的社会契约关系。李伟阳和肖红军(2008)提出了"企业社会责任是指企业为实现自身与社会的可持续发展,遵循法律法规、社会规范和商业道德,有效管理企业运营对利益相关方和自然环境的影响,追求经济、社会和环境的综合价值最大化的行为"。④

① 殷格非,李伟阳,吴福顺.中国企业社会责任发展的阶段分析[J].WTO 经济导刊,2007(2):23-28.
② 周勇.论责任、企业责任与企业社会责任[J].武汉科技大学学报,2003(12):29-33.
③ 郑孟状,潘霞蓉.论企业的社会责任[J].浙江学刊,2003(3):167-174.
④ 李伟阳,肖红军.企业社会责任概念探究[J].经济管理,2008(12):21-22.

2.6.3 企业社会责任与国家战略的研究

围绕着社会的可持续发展，叶敏华（2007）认为，"要构建和谐社会，实施经济社会的可持续发展，中国企业必须走进履行社会责任的时代"。[①]王丽丽（2007）指出，"企业社会责任是现代企业赢得竞争优势的源泉之一，是针对经济全球化、传统发展观和利益最大化模式最初的战略选择"。[②]企业社会责任构成企业可持续发展的重要内容，是企业可持续发展的战略选择。从国家战略的角度审视社会责任，王双喜（2010）认为，"国家应该从战略层面推进我国企业社会责任建设，对外有助于外贸企业的转型以及提升国家形象，对内有助于使企业的整体管理水平与可持续发展能力得到一定的提高"。[③]

国家电网公司社会责任处处长、全球契约中国网络秘书处副主任李伟阳提出：科学理性的企业社会责任的理念与履行机制推广活动是国家的重要资源。如果企业社会责任的理念与履行机制推广活动能够长期健康运行，将会有效提升全社会道德水平，从而促进社会中的每个主体追求优美的环境、和谐共生和美好的生活。因此，企业社会责任的理念与履行机制推广活动是转型经济体国家道德秩序重构的重要措施。另外，在企业处理自身与社会之间的各种关系中，企业社会责任是一种全新的处理模式，也是在企业与社会中的企业利益相关者之间进行利益分配的资源配置机制，它可以有效解决企业与社会中的企业利益相关者之间的矛盾，从而促进社会稳定，提高国家竞争力，推动社会可持续发展。[④]

2.6.4 企业社会责任管理的研究

在企业社会责任管理研究中，企业应该承担和履行何种社会责任是重要研究议题之一。研究者从不同的角度界定企业承担和履行社会责任的内容，主要有经济责任、法律责任、伦理责任和自愿性责任四个层次

[①] 叶敏华.企业社会责任与可持续发展研究 [J].上海经济研究，2007（11）：85—87.
[②] 王丽丽.企业社会责任：企业可持续发展的战略选择 [J].世界标准化与质量管理，2006（9）：23—25.
[③] 王双喜.刍论从国家战略层面推进我国企业社会责任建设——以全球企业社会责任运动为视角 [J].经营管理者，2020（5）：31—36.
[④] http://www.gcchina.org.cn.

的内容，从必尽、应尽和愿尽之责任三个层次的划分，从经济、社会、环境三个角度来界定。[①]并且，不同主体之间，如国有企业、跨国企业、私营企业和中小企业，在社会责任内容方面既有相同之处，也存在着差别。研究者从促进就业，提高企业声誉，增加企业社会资本和企业价值等方面研究了企业承担和履行社会责任带来的绩效，对企业财务绩效与其履行社会责任二者之间的关系进行了理论分析和实证检验。研究者从多角度分析了企业履行社会责任的动力，包括国际采购商的外在压力、回应政府的法律要求和倡议，提高企业声誉，最后到企业管理创新、提升自身责任竞争力。此外，对利润的追求、和谐社会建设、经济全球化、企业价值观、国际标准等也可能是动力因素。

---

① 殷格非.企业社会责任的层次管理 [J].WTO 经济导刊，2012 (11)：56~61.

第3章 企业社会责任与可持续发展分析

全人类生存与发展的共同选择是可持续发展，可持续发展是世界各国的共同发展战略。现代企业不但是一个经济实体，而且是一个生态经济实体，是谋求经济利益、社会利益和生态利益协调优化，追求可持续发展的实体组织。

3.1 可持续发展的理论内涵

3.1.1 可持续发展理论背景

现代的可持续发展理论开始于 20 世纪 60 年代到 80 年代。在此期间，20 世纪 60 年代传统发展模式的弊端全面暴露出来了。伴随着经济增长而来的是森林的破坏、大气与河流的污染、草原和农田的沙漠化以及城市生活质量的全面退化等问题，人类在创造美好文明的同时造成了日趋严重的资源短缺、环境污染、生态失衡、人口过多等问题，对人类自身的生存与发展带来了不可忽视的危害。传统经济发展模式带来的负面效应惊醒了人类盲目追求经济发展的美梦。人们开始认真反思并研究该发展模式的弊端和存在的问题，同时积极寻求新的经济发展思路和模式，希望在提高经济效益的同时，又能兼顾生态效益，具体来说就是保护资源，改善环境。于是，作为一种全新的经济发展模式——可持续发展模式应运而生。在 20 世纪 80 年代，可持续发展的思想逐渐形成，促成了世界环境与发展委员会（WECD）在 1983 年 11 月正式创立。1987年，受联合国委托，以挪威前首相布伦特兰夫人为首的 WECD 的成员们，把经过 4 年研究和充分论证的研究报告——《我们共同的未来》提交给联合国大会，于是，"可持续发展"的概念和模式被正式提出来。

3.1.2 可持续发展理论概述

1972 年，联合国在斯德哥尔摩召开了"人类环境会议"，参加会议的国家有 100 多个，大会通过了《人类环境行动计划》和《人类环境宣言》两个文件，提出了经济效益与环境效益协调发展的概念。《我们共同的未来》正式提出"可持续发展"的理论内涵，就是"既要满足当代人的需求，又要做到不对后代人满足其需求的能力造成危害的发展"。因此，各界学者开始研究可持续发展的相关问题。

1992 年 6 月，世界环境与发展首脑会议对于"可持续发展"进行了详细解释，并且通过了《21 世纪议程》等文件，可持续发展这个议题得到了全世界的关注。发达国家以"可持续发展"理念为标准开始在本国范围内进行实践，取得了一定成就。随后，各个国家纷纷效仿，社会公众也都开始接受"可持续发展"这一概念。按照联合国环境与发展委员会对"可持续发展"概念的解释，它首先是要尽可能地提高自然资源的使用效率，即提高"生态效率"，它归于环境问题范畴；其次，可持续发展不仅关注当代的"生态效率"，还要将环境资源在这一代人以及后代之间公平地使用，即发展"生态公平"，它归于社会问题范畴。因此，经济发展不能以牺牲后代人的利益换取当代人的经济利益。可持续发展的目的是实现人类、环境与经济的良性发展，它关系到人类社会的长期发展。

3.1.3 可持续发展实现的途径

可持续发展不是一个国家或一个地区的事情，而是全人类共同的发展目标，需要全人类的共同努力。这就要求我们时刻坚持可持续发展的理念，将可持续发展融入生产、生活的方方面面。一个正确的认知可以正确引导行为，因此，为了达到可持续发展目标，我们应首先进行可持续发展理念的变革，以思维方式必须要对可持续发展有利为标准来引领我们的行动，树立正确的可持续发展的价值观和道德观。其次，进行生产方式转变，在生产流程中必须转变旧的生产方式。传统的以破坏环境为代价去追求经济发展和社会发展的生产模式终将导致人类社会的灭亡。清洁生产是人们一直寻求的可持续生产，该生产要求产品生产的各环节甚至整个生产流程必须要清洁，不能产生环境污染和资源破坏，可持续生产过程要经过长时间的研究、实践、改进、完善。最后，我们要实现从生产方式到生活方式的巨大变革。在改变生活方式方面，可持续发展有着多方面的要求，例如讲究卫生、预防疾病、选择环保商品、乘坐公共交通工具、垃圾分类回收利用、节能减排等。

3.2　可持续发展研究文献综述

可持续发展的最初缘起是环境的恶化，其目标是达到经济发展与环境承载力的协调、共生。根据全球报告倡议组织公布的《可持续发展报告指南（2000—2006）》，可持续发展的目标是"在满足当代人们需求的同时，又不能危害到后代人满足需求的能力"。可持续发展的一个主要挑战是，新颖而具有创意的选择及思维方式的提出。知识及科技发展既促进经济的增长，亦有望化解社会关系、环境及经济方面的持续发展所面临的危机及威胁。

我国对于可持续发展的研究要比西方国家起步晚。我国开始进行可持续发展理论的研究，不仅是对传统粗放式经济发展方式的反思，而且具备从国外引进和政府有力推动的特点。在政府的有力推动下，1992年1月，中科院科技政策所首次建立了环境与持续发展研究室。1994年，牛文元撰写的第一部关于详细解释可持续发展的理论专著——《持续发展导论》出版发行。该书从资源、人口、空间、经济活动等变量出发，论述了可持续发展的基本属性与规律。1994—1996年，可持续发展正式从学术研究层面上升为国家战略方针。1995 年 9 月，十四届五中全会提出"应该把中国特色社会主义全面发展放在重要战略地位，我国应追求实现经济效益与社会效益相互和谐协调与可持续发展"。1996年 3 月，在第八届全国人民代表大会第四次会议上，明确提出把"可持续发展"经济发展方式确认为中国的经济发展的战略之一。

目前，国内关于企业可持续发展方面的研究成果包括可持续发展评价方法与体系、企业可持续发展方式、地域可持续发展等。研究成果包括：1998 年尹继佐撰写的《可持续发展战略》；2002 年周毅主编的《可持续发展战略》；2001 年赵丽芬、江勇主编的《可持续发展战略学》；1999 年以来,以牛文元教授为首的中科院课题组编写的每年出版一次的《中国可持续发展战略报告》。另外，关于可持续发展战略方面的研究，中国知网上相关论文从 1992 年的 125 篇增加到 2014 年60 195 篇，其中以 2012 年为最高，达到了 94 112 篇。石友蓉（2002）认为，企业社会责任以可持续发展的客观必然条件为成本代价,企业社会责任与可持续发展战略存在相互协调的关系。胡孝泉（2004）觉得在社会主义经济发展中企业发展战略有两项重要内容，那就是企业所承担的社会责任和企业可持续发展，并且阐述了两者的关系及作用。马小援（2010）认为，企业经济发展环境与可持续发展存在双向、相互协调的关系。在企业的可持续发展评价体系的研究中，崔勇、段勇（2005）运用主成分分析法构建了模型；朱光曦、马占新（2008）从效率角度出发，用数据包络分析构建可持续发展体系，用 SGDEA 模型进行最后评价；蔡维灿（2010）提出从财务指标解读企业可持续发展能力。

这些研究对我国可持续发展起到了巨大的推动作用，但仍存在一些问题，诸如理论的具体化操作困难，评价指标与方法众多、复杂，缺少对可持续发展的预期规划与预期警告等。

3.3 企业社会责任与企业可持续发展

可持续发展的重要理论思想最初为环境保护，它主要强调追求经济发展不能以牺牲环境为代价，而应是环境和经济的和谐发展，强调企业自然资源、技术设备、人才储备等企业资本与经济效益、社会效益的协调发展。其中，企业能否执行可持续发展战略的一个决定性因素就是其所承担的社会责任的环境责任，具体来说就是企业环境保护工作给自身带来的社会效益。企业作为社会经济发展的主体，承担社会责任后会促使它具有更大的发展能力和发展空间。

3.3.1 企业履行社会责任是企业生存的保障

企业承担社会责任可以拉近企业与政府、社会各界的关系，在三者之间形成一种良性的互动，为企业营造一个更为广阔的网络型的生存发展空间。企业社会责任主要包括股东责任、员工责任、消费者责任、社区责任、政府责任、环境责任等。如果企业能主动承担应尽的社会责任（如环境保护、消费者权益维护等责任），就等于间接地承担了政府责任，便可不必担心和害怕与此相关的政府部门的检查与惩处。政府出于保护投资环境，维护消费者利益和社会秩序稳定的需要，通常会针对企业制定出各种行为限制、行为规范条例，甚至会执行严厉的惩罚性措施。

3.3.2 生态可持续性是社会发展的先决条件

社会的可持续发展离不开人类赖以生存的自然资源环境，经济发展规模和速度要与环境承受能力或承载能力相适应，必须在人口数量适度、资源充足和环境保护的同时推动经济建设和社会发展。也就是说，人口数量变化要适应生态系统的生产潜力。资源包括可再生资源和不可再生资源。其中，可再生资源的利用率要小于其自然增长速度和再生能力；不可再生资源的利用率要小于可替代资源开发率。只有这样，可再生资源才能够被不断地重复利用，不可再生资源才能够不至于最终耗竭，自然环境的自我净化能力才能够不断提升。于是，在经济发展的同时也保持了与自然环境的相互协调。

3.3.3　可持续发展是企业发展的基本之路

企业为了实现可持续发展，就应该明确与自身的可持续发展相适应的指导原则，以提供与公司价值观相一致的指导，并通过这些原则将可持续发展理念融入公司的业务战略、决策及运作之中。首先，要明确可持续发展是公司未来成功的基础。在发展业务的同时，还应该遵守公开、可持续发展的承诺，积极维护利益相关人的利益并且要努力实现利益相关人的最大权益。其次，企业要减少生产过程及产成品对资源环境的污染和破坏，改善其安全状况。再次，培养员工及社区的优良意识，为目前及未来的成功做出贡献。最后，为客户及市场奉献新的产品及服务时，要着眼于长远利益，而非眼前利益。与此同时，应该采取各种措施预防伤害事故或疾病的发生，并在发生任何伤害或疾病时及时报告，努力保护员工的健康和安全。在生产过程中努力减少公司运作对环境产生的不良影响。

3.4　企业的可持续发展战略的演变过程

企业的可持续发展战略在企业对自身环境资源认识的不断深化下演讲，可以分为传统工业化阶段、主动性预防阶段、被动治理阶段和可持续发展阶段。

3.4.1　传统工业化阶段

资源型的传统工业的建立基本上取决于自然资源、环境容量等自然条件。因此，传统工业发展把企业与经济环境之间的关系视为重要考虑因素，但却忽视了企业与生态环境的关系。它以赢得顾客信赖、实现经济效益、获取利润最大化为最终目的，基本不考虑环境效益和社会效益，淡化其发展给外部带来的负面效应——企业生产对生态环境的破坏。

3.4.2 主动性预防阶段

在相关环境保护法律、法规、规章制度的强制约束和企业对自身发展及经济利益的渴望追求下，部分企业已经意识到资源和环境对自身生产和经济发展的重要性。为此，企业开始重视节约资源、改善环境、节能减排等问题。"末端治理"式的污染控制措施因为成本太高而给企业造成极大的困扰，影响了企业劳动生产率，降低了企业的竞争力。伴随着科技的发展，新技术、新工艺不断涌现，部分企业意识到控制成本的重要性，开始预测生产，寻求低成本、高效能的生产办法。污染控制开始从"末端治理"向以"清洁生产"为代表的全过程控制转变，污染治理方式从被动污染治理转向主动的污染预防。

3.4.3 被动治理阶段

从 20 世纪 60 年代开始，相关环保法律、法规陆续出台，企业意识到污染控制的必要性，并开始采取控制措施，最具代表性的就是实施"末端治理"控制。但是，"末端治理"属于被动控制，只是暂时控制污染，无法从根本上解决污染，更不能保证企业正常生产运行和维持企业的基本经济效益。"末端治理"往往给企业生产活动带来更多新的污染问题。

3.4.4 可持续发展阶段

随着人们对环境问题越来越重视，一些企业意识到了环境因素在经济发展和社会发展乃至在全球经济一体化中的作用，开始对自身发展战略因素进行调整，把环境因素视为创造企业市场优势、提高企业在市场经济中的竞争力、战胜竞争对手、实现利润最大化的战略要素。因此，企业开始把可持续发展理念贯彻到生产运行、产品研发、人才储备和整个生产管理过程当中。

可持续发展的核心内容是转变传统的生产方式和非节约型的消费模式，创建全新的有利于环保的资源节约型生产方式和资源循环利用型消费模式。这种战略理念正被政府和社会各界所了解和接受，如今已凝聚成一股无法逆转的社会潮流，引导企业经营模式发生变革。随着人们对环境问题的关注度和对绿色产品的认同度越来越高，企业管理者、生产经营者、商品消费者开始重视和接纳环境质量这一新的概念，环境质量已成为确保企业利润的一个重要前提。企业新的竞争优势已经开始体现为绿色企业形象、清洁生产、生产绿色产品和产品循环利用等与生态环境、资源有效利用和污染治理等有密切相关的企业生产经营过程。

可持续发展理念与传统的企业生产经营理念有着明显的不同，给企业经营者带来了前所未有的挑战，同时也为拥有超前意识和未来发展眼光的企业塑造新的形象、改善产品结构、开拓新的利润增长点带来了全新的发展机遇。对于企业来说，把可持续发展理念融入到生产管理过程并没有完全相同的路径，而要根据企业的实际经营情况而定，也就是说，企业的实际状况决定了其自身的可持续发展战略模式。具体来说，每个企业都可以根据自身的特点制定自己的可持续发展战略并获得实际价值。首先，企业要做的就是寻求可持续发展理念与企业自身发展战略相契合的生产经营领域和结合点，在制定企业发展战略的过程中增加可持续发展因素。经过不断学习探索，制定出适合企业自身的发展战略。企业实施可持续发展战略是一项非常复杂多变的系统工程，它不仅要考虑到企业产品研发、包装、市场销售、消费、报废处理到再生产利用整个产品生命周期，还会涉及生产战略和经营战略的制定、产品原材料供应、市场开发、质量检测等多个方面。企业主要通过战略制定、技术选择、生产与营销管理来实施可持续发展战略。

可持续发展的前景，在某种程度上必须要依靠以有效利用环境资源、清洁生产为目的的技术革新、机构改革和人力资本革新。可持续发展引领着生产技术发展方向，从产品研发到制造技术，可持续发展技术与概念已经融入其中，如生态设计、清洁生产、环境无害化技术等，其目标就是节能减排，有效开发利用资源，与环境和谐共处。实施可持续发展战略还要促进面向可持续发展的生产与营销管理。对企业来讲，实施可持续发展战略的过程也是企业从传统经营管理转变为现代经营管理的过程，从而把可持续发展理念融入到企业生产经营、质量检测和营销等多个管理过程，根据企业实际情况，制定一项符合企业自身的科学合理的清洁生产经营管理制度。可持续发展要求企业不能单纯追求利润，还要注重对地球生态环境的保护、促进经济与生态的协调发展，为实现企业自身利益、消费者和社会利益及生态环境利益的统一而对其产品定价、分销和促销进行统一筹划。

第4章 少数民族地区矿产资源型企业承担社会责任的理论分析

4.1 矿产资源的概念及特征

4.1.1 矿产资源的概念

根据《中华人民共和国矿产资源法实施条例》，矿产资源的概念是指由地质作用形成的，具有利用价值的，呈固态、液态、气态的自然资源。[①]国家允许外国的公司、企业和其他经济组织以及个人依照中华人民共和国有关法律、行政法规的规定，在中华人民共和国领域及管辖的海域进行勘查、开采矿产资源。[②]

本书对矿产资源型企业所给出的定义为：资源型企业是一类以自然资源为依托的特殊企业群体，其生产是以地下的矿产资源和（或）地上的动植物资源为基础，其最终产品是开采的自然资源和初级加工品以及初级原材料产品。

我国目前已发现矿产资源168种，其中153种已探明储量，有优势

---

① 《中华人民共和国矿产资源法实施条例》第一章第二条。
② 《中华人民共和国矿产资源法实施条例》第一章第七条。

地位的矿产资源有 30 多种。其中，有 2 万处固体矿产矿区、476 处油田、28 处天然气田，潜在经济价值 93.63 万亿元，占世界矿产资源总额的 12%，位列世界第 3 位。人均矿产资源仅为世界人均值的 1/2 强，位列世界第 53 位。按单位面积平均计算，处于世界第 24 位。2011 年年底，我国矿产资源保有量见表 4-1。

表 4-1 **中国主要矿产资源储量表**

矿种	单位	储量	矿种	单位	储量
煤炭	原煤（亿吨）	13 778.9	锌	金属（万吨）	11 568.0
石油	原油（亿吨）	32.4	钨	WO_3（万吨）	620.4
天然气	气量（万亿立方米）	4.0	锡	金属（万吨）	441.1
铁	矿石（亿吨）	743.9	钼	金属（万吨）	1 935.9
铜	金属（万吨）	8 612.1	金	金属（吨）	7 419.4
铝	矿石（亿吨）	38.7	硫铁矿	矿石（亿吨）	56.8
铅	金属（万吨）	5 602.8	磷	矿石（亿吨）	193.6

资料来源 根据中国国土资源部网站数据编制.

4.1.2 矿产资源的特征

1）自然资源的有限性

自然资源是资源型企业的生产对象，由于开采自然资源与一般工业企业的生产循环、生产特质不同，以及资源的"有限性"和"一次性"，导致资源型企业的持续存在与矿产资源的储量有直接关系。

2）矿产资源分布不平衡

地球的地质变动以及宇宙中星体相互碰撞，形成了矿产资源。矿产资源存在于世界各地，但是分布不均匀。由于地壳运动的不平衡性，地球上各种岩石分布也是不均匀的，因而造成了各种矿产资源在地理分布上的不均衡状态。许多矿产存在于局部高度富集区。我国矿产资源储量巨大，而人均占有量则落后于世界平均水平。

3）采矿、选矿的风险大

矿产资源大部分存在于地表以下，而且地质构造复杂，其开采所需时间成本、金钱成本、安全成本较大，一些不可预见的因素较多，与一般工业企业相比，矿产资源型企业先期投入成本较多，风险较大。

4）经济效益的递减性

一般而言，资源型企业开采的主要是自然资源，而自然资源又是一次性资源，其整体生产分为探矿期、开采期、枯竭期三个阶段。由于矿产资源开采的特点以及矿产的特性，开采最初资金投入较大，正式开采后随着可采量的逐渐减少，企业的经济效益必然呈现递减趋势。

5）生产环境较艰苦

资源型企业所处的地理位置一般远离城市，其开采区大多在山区或地表之下。资源型企业工作环境艰苦，加之工作中产生的粉尘、矿物质的辐射等也会对员工身体健康产生重大的威胁。

6）开发与利用矿产资源影响周边环境

我国矿产资源开采行业在开采和生产环节存在资源利用率长期偏低、污染严重等问题，同时，安全事故频发，对本行业担负的经济、环境、社会方面的责任构成了挑战。矿产资源型企业对环境的影响重大，主要体现在水污染、大气污染、固体开采物对地表的污染、对周围生态环境的危害等方面。

7）产品具有较高的后续价值

矿产资源的后续价值主要体现在矿产资源作为原材料等用于各种工业生产之中。例如，分散元素金属矿中的铪元素和锆元素，其本身不仅具有耐高温、抗腐蚀等特征，而且具有易加工、机械性能好以及良好的核性能，因而铪和锆是核工业的重要材料。我国铪和锆的储量位居世界前列，由于铪元素中的热中子具有捕获截面大的特点，属于非常合适的中子吸收体，能够用于原子反应堆中控制棒制造，也可以用作保护装置。因此，矿产资源后续价值很高。

4.2 矿产资源型企业的界定

根据 2012 年颁布的中国证监会上市公司行业分类指引（修订稿）的第 7 部分——分类与代码显示，采矿业是指对固体（如煤和矿物）、液体（如原油）或气体（如天然气）等自然产生的矿物的采掘。它包括地下或地上采掘、矿井的运行，以及一般在矿址或矿址附近从事的旨在加工原材料的所有辅助性工作（例如碾磨、选矿和处理，均属本类活动），还包括使原料得以销售所需的准备工作，不包括水的蓄积、净化和分配，以及地质勘查、建筑工程活动。

本书对矿产资源型企业所给出的定义为：资源型企业是一类以自然资源为依托的特殊企业群体，其生产是以地下或地上的矿产资源为基础，其最终产品是自然资源的开采和初级加工品以及初级原材料产品。

行业分类指引对采矿行业的企业分类有以下 7 种：煤炭开采和洗选业、石油和天然气开采业、黑色金属矿采选业、有色金属矿采选业、非金属矿采选业、开采辅助活动、其他采矿业。

4.2.1　煤炭开采和洗选业

煤炭开采和洗选业是指对各种煤炭的开采、洗选、分级等生产活动，不包括煤制品的生产和煤炭勘探活动。

4.2.2　石油和天然气开采业

石油和天然气开采业是指在陆地或海洋对天然原油、液态或气态天然气的开采，对煤矿瓦斯气（煤层气）的开采，为运输目的所进行的天然气液化和从天然气田气体中生产液化烃的活动，还包括对含沥青的页岩或油母页岩矿的开采，以及对焦油沙矿进行的同类作业。

4.2.3　黑色金属矿采选业

黑色金属主要指铁、锰、铬及其合金，如钢、生铁、铁合金、铸铁等。黑色金属以外的金属称为有色金属。从事黑色金属矿产采选的企业可纳入黑色金属矿采选业。

4.2.4　有色金属矿采选业

有色金属矿采选业是指对常用有色金属矿、贵金属矿，以及稀有稀土金属矿的开采、选矿活动。

4.2.5 非金属矿采选业

非金属有 91 种，主要为金刚石、石墨、自然硫、萤石、水晶、刚玉、蓝晶石、高岭土、红柱石、硅灰石、钠硝石、滑石、石棉、蓝石棉、云母等。从事以上非金属采矿与选矿的企业可以称为非金属矿采选业。

4.2.6 开采辅助活动

开采辅助活动是指为煤炭、石油和天然气等矿物开采提供的辅助性服务。

4.2.7 其他采矿业

其他采矿业是指对地热、矿泉水资源以及其他未列明的自然资源的开采行业，但不包括利用这些资源建立的热电厂与矿泉水厂的活动。

4.3 少数民族地区矿产资源开发和利用现状

我国幅员辽阔，民族众多。根据研究的需要，本书以 2010 年第六次人口普查结果为参考，将研究的地域限定在少数民族地区，在少数民族自治区中选出 3 个地区，具体为：内蒙古自治区、宁夏回族自治区、广西壮族自治区。由于云南与贵州少数民族人口所占全省人口比例都超过了 30%，所以把云南省与贵州省也加入到研究样本的范围中。

4.3.1 内蒙古自治区矿产资源开发和利用现状

内蒙古自治区煤炭资源丰富，是我国的主要产煤区，煤田面积 23 万平方公里，占全国含煤面积的 38%。内蒙古自治区幅员辽阔，煤炭资源分布广泛，共有 9 个地区拥有煤炭资源。这 9 个地区分别是：大兴安岭、海拉尔、松辽盆地、二连盆地、多伦、阴山、卓资山、鄂尔多斯和蒙甘宁边界地区。从地质条件上看，这 9 个地区属于我国三个主要的煤炭聚集区——东北聚煤区、华北聚煤区和西北聚煤区。全区探明煤炭资源共计 14 567.55 亿吨，在全国排名第 2，仅次于陕西省；远景储量 12 000 亿吨，仅次于新疆维吾尔自治区。储量在 100 亿吨以上的特大型煤田有 5 处，以储量排序依次为：东胜煤田、准格尔煤田、伊敏煤田、霍林河煤田和胜利煤田，这些煤田地质构造简单，开采方便。丰富的煤炭资源造就了内蒙古煤炭资源型企业的发展，成为推动地方经济发展的重要力量。

内蒙古自治区稀土资源储量居世界之首。全区已查明白云鄂博稀土矿田和八零一稀土稀有矿床两处，白云鄂博稀土矿以轻稀土为主，保有储量占世界总储量的 38%，是世界上最大的稀土矿床。八零一为稀土稀有金属矿床，以重稀土为主，与铌、钽、锆、铍稀有金属共生，也是世界级的特大型矿床。全区已发现含油气盆地 12 个，面积近 50 万平方公里，其中贵金属矿产查明岩金储量、银储量位居全国前列。

从经济发展来看，内蒙古自治区拥有能源、冶金、农畜产品加工、化学工业、装备制造、高新技术六大优势产业，工业增加值在整体经济中占有很大的比重。其中，能源产业增加值占 37%，主要是煤炭产业；化学工业、装备制造业和高新技术产业之和仅占 15%。在内蒙古自治区主要的矿产资源型产业中，煤炭开采和洗选业贡献率最大，2010 年达到 19.45%，并且呈不断上升趋势（见表 4-2）。

表 4-2　　　矿产资源型产业对内蒙古经济贡献率统计表

行业＼年份	2006 年	2007 年	2008 年	2009 年	2010 年
煤炭开采和洗选业	10.13%	12.15%	17.68%	18.36%	19.45%
石油和天然气开采	1.27%	1.09%	1.07%	0.71%	0.56%
黑色金属矿采选业	1.82%	2.14%	2.78%	2.79%	2.82%
有色金属矿采选业	2.14%	2.88%	2.78%	2.42%	2.24%
非金属矿采选业	0.71%	0.95%	0.98%	0.97%	0.95%

资料来源　周慧.探析矿产资源产业对内蒙古经济的贡献[J].产业经济，2011（10）.

4.3.2 宁夏回族自治区矿产资源开发和利用现状

宁夏回族自治区是我国五个少数民族自治区之一，位于中国西北地区东部，毗邻陕西省、甘肃省和内蒙古自治区，总面积 664 万平方公里，下辖 5 个地级市，人口 630 万，其中回族人口 219 万，占34.77%。宁夏回族自治区首府银川市是我国历史文化名城之一。

宁夏回族自治区已开发利用的矿种有 24 种，占已探明矿产资源储量矿种（31 种）的 77.4%，主要包括煤炭和非金属。煤炭探明储量 300 多亿吨，预测储量 2 020 多亿吨，储量位居全国第六位，人均占有量是全国平均水平的 10.6 倍。宁夏回族自治区煤种齐全、煤质优良、分布广泛，含煤地层分布面积约占自治区面积的 1/3，形成了贺兰山、宁东、香山和固原四个含煤区。《宁夏回族自治区矿产资源总体规划》是自治区做好矿产资源专项规划和地区规划、加强管理以及合理利用和保护矿产资源的纲领性文件。

宁夏回族自治区主要的煤化工产业包括煤制化肥、电石化工、氯碱化工、焦化、新型煤化工等。2010 年，宁夏回族自治区采矿业的总产值为 268.6 亿元，分别占工业总产值和增加值的 14% 和 26.3%。采矿业中，煤炭开采和洗选业的总产值、增加值、主营业务及税金、应交增值税、利润总额分别占 99.1%、99.2%、99.4%、99.3% 和 99.1%，可以说，宁夏回族自治区的采矿业就是煤炭开采和洗选业，其他矿产的开采基本上可以忽略不计。矿产资源型企业对宁夏回族自治区经济的贡献接近五分之一，对经济的支撑作用不容小觑。

4.3.3 云南省矿产资源开发和利用现状

云南省是我国少数民族最为集中的省份，2011 年，全省总人口为4 631.0 万人，其中少数民族人口数达 1 545.18 万人，占全省人口总数的 33.37%。

云南省地质类型多样，成矿条件优越，矿产资源极为丰富，尤以有色金属及磷矿著称，被誉为"有色金属王国"，是得天独厚的矿产资源宝库。云南省矿产资源的特点有：一是矿种全，已发现的矿产有 143

种，已探明储量的有 83 种；二是分布广，金属矿遍及 108 个县（市），煤矿在 116 个县（市）发现，其他非金属矿产各县都有；三是共生、伴生矿多，利用价值高，全省共生、伴生矿床约占矿床总量的 31%。云南省有 61 个矿种的保有储量居全国前 10 位，其中，铅、锌、锡、磷、铜、银等 25 种矿产储量位居全国前 3 位。

云南省矿产资源的开发利用程度较高，经过长期发展，目前已建立起地质勘查、采矿等一系列配套的综合体系。在已统计的 83 种矿产中，已开采利用的有 62 种，占 74.70%。其中，形成规模开发利用的矿种有铜、铅、锌、锡、锑、钨、金、煤、铁、锰、磷、岩盐、石膏、石灰岩、白云岩、硅石、黏土、大理石等。截至 2000 年年底，全省共有矿山企业 6 542 个，从业人员达 31.90 万人。1999 年，矿业企业总资产占全省工业总资产的 33.60%，矿业总产值（采、选、冶、加工）占工业总产值的 31.06%，矿业企业职工人数占工业企业职工人数的一半以上，矿产品出口占全省出口贸易的 47.50%。以有色金属和磷化工为主的矿业在全省具有举足轻重的地位，云南省经济社会发展"十五"计划纲要把矿业确定为五大支柱产业之一。

4.3.4 贵州省矿产资源开发和利用现状

贵州省矿产资源丰富，现已发现矿产种类达 110 余种，其中的 76 种不同程度地探明了储量，有 42 种矿产的保有储量在全国排名前 10 位，列前 3 位的有 22 种。其中，煤、磷、汞、铝土矿、锰、锑、金、重晶石、硫铁矿、水泥与砖瓦原料以及各种用途的白云岩、砂岩、石灰岩等优势明显，在中国占有重要地位。

贵州省矿产资源的特点有：资源比较丰富，优势矿产显著；分布相对集中，规模大，质量较好；主要矿产资源潜力大，远景好；共生矿、伴生矿产较多；资源丰歉不均，部分矿产短缺。目前，全省有 50 多种矿产正在开发，其中，建有正规矿山并形成一定生产能力的有 20 多种。在全省已探明储量的产地中，有 1/3 以上正在开发。以矿产资源为依托发展起来的矿业，已成为全省工业的支柱产业，其产值多年来一直占工业总产值的 30% 以上。优势矿产的开发利用，使贵州省成为我国十大有色金属产区，建成了全国重要的铝工业和磷化工基地，并成为全国重要的锰系铁合金生产基地以及亚洲最大的碳酸钡生产基地。

4.3.5 广西壮族自治区矿产资源开发和利用现状

广西壮族自治区是我国矿产资源富集区，素有"有色金属之乡"的称号，目前发现的矿种近百种。其中，铟储量雄居世界之冠，比世界其他国家储量的总和还多，锰矿、锡矿储量均占全国总储量的1/3左右。根据广西壮族自治区国土资源厅发布的广西壮族自治区矿产资源总体规划（2008—2015年），截至2007年年底，全区共有矿山5 096座，其中大型矿山30座，中型矿山97座，小型矿山2 024座，小矿2 945座，从业人员13.41万人。开采矿种以煤、锰、铜、铅、锌、铝、锡、金、滑石、水泥用灰岩、建筑石料用灰岩、砖瓦用黏土等为主，年产矿石总量13 884.23万吨。2007年，全区规模以上矿业和相关能源与原材料加工制造业工业增加值572.43亿元，占当年全区规模以上工业增加值的37.68%，矿业在全区经济中占有相当重要的地位。

4.4 矿产资源型企业承担社会责任的动因分析

企业承担社会责任的动因有多种，本书从外在动因与内在动因两方面进行探讨。

4.4.1 外在动因

1）政府对社会责任的管制

政府是企业最重要的利益相关方之一。中国政府在推动企业社会责任方面非常积极，但也存在因为法律体系不完善而导致监管不力的情况。政府对企业履行社会责任发挥的作用如下：管制（法律法规和标准的出台、过程监督和结果的惩戒）；激励（经济刺激、认可与奖励）；引导（规划、指南发布、信息公开、标识、研究资助）；合作（与其他利益相关方如媒体、环保组织共同合作）。现阶段，政府主要的推动重点在法律法规的建设上。

　　我国有关社会责任的立法与国外发达国家相比还存在一定差距。当前，我国还没有以社会责任为专门标题的法律，与企业利益相关者有关的法律零星地体现在各种相关法律当中。

　　资源型企业应遵循国家颁布的社会责任相关法律法规，包括《中华人民共和国公司法》、《中华人民共和国环境保护法》、《中华人民共和国职业病防治法》、《中华人民共和国矿产资源法》、《中华人民共和国环境影响评价法》、《中华人民共和国节约能源法》、《中华人民共和国煤炭法》、《中华人民共和国循环经济促进法》等，我国企业应遵循的社会责任相关法律法规具体见表4-3。

表4-3　　　　　　　　　我国社会责任相关法律法规表

时间	法律法规
1984 年	《中共中央关于经济体制改革的决定》
1989 年	《中华人民共和国环境保护法》
1992 年	《中华人民共和国工会法》
1994 年 1 月	《中华人民共和国消费者权益保护法》
1994 年 7 月	《中华人民共和国公司法》
1995 年 1 月	《中华人民共和国劳动法》
1999 年 9 月	《中华人民共和国捐赠法》
2000 年 10 月	《中华人民共和国外资企业法》、《中华人民共和国中外合作经营企业法》
2002 年 5 月	《中华人民共和国职业病防治法》
2002 年 11 月	《中华人民共和国安全生产法》
2003 年 1 月	《中华人民共和国清洁生产促进法》
2004 年 7 月	《中华人民共和国行政许可法》

　　资料来源　殷格非，李伟阳，吴福顺.中国企业社会责任发展的阶段分析〔J〕.WTO经济导刊，2007（2）：23-28.

　　2）非政府组织行为对企业社会责任的推进

　　非政府组织的发展极大地推动了企业社会责任的履行。例如，环境保护组织通过环境教育、宣传、倡导活动，努力引导企业保护环境的社会责任意识。一些环保组织还对污染企业采取积极行动，施加压力，以促使这些企业正视自己的污染问题并承担保护环境的社会责任。另外，还有些环保组织向污染企业发起了环境公益诉讼。在这个过程中，国内的环保组织采用了非对抗工作方式，展现出了温和与合作的精神，可以成为政府的合作伙伴或者作为政府与企业之间的中间人，积极推动企业环境社会责任。

3）环境危机形成对社会责任的压力

在社会发展的历史进程中，传统工业极大地促进了全球经济的高速增长，给人类带来了巨大财富，但它是一种"资源—产品—污染排放"单向流动的线形经济，导致环境资源逐渐稀缺，环境资源正在加速成为制约人类发展的主要因素。在诸如全球变暖、酸雨频发、能源紧张、资源短缺等环境危机的背景下，社会开始关注企业对于环境的责任问题。在早期，环保工作关心的是企业污染环境的末端治理问题；20世纪80年代后，开始注意到采用资源化的方式处理废弃物；20世纪90年代后，可持续发展理念开始在西方学术界、企业界兴起，全过程污染治理、源头预防成为环境与发展的支柱，清洁生产、循环经济开始在全世界范围内迅速扩展。

当前，我国矿产资源开采行业在开采和生产环节存在资源利用率长期偏低、污染严重等问题，同时，安全事故频发也对本行业企业履行经济、环境、社会方面的责任构成了挑战。矿产资源型企业对环境的影响重大，主要体现在水污染、大气污染、固体开采物对地表的污染、对周围生态环境的危害等方面。

4）民众环保意识的觉醒

随着环境保护意识的提高，民众对企业污染的关注度也在不断加大。但由于企业对此认识不足，因而经常会导致环境污染群体事件的发生。另外，当前普通民众对企业环境社会责任的关注具有明显的污染驱动特征，抗争活动中出现"邻避政治"和"补偿政治"两种模式，还需要进一步"有序参与社会事务"，才能最终形成企业环境社会责任的外部监督力量。

5）通讯技术对社会责任传播模式的改变

微博、微信的出现标志着传播媒介的融合，智能终端和3G时代的到来推动着企业社会责任传播模式的变革。第一，企业社会责任可以实时传播；第二，通讯技术将传播带入自媒体时代，企业不需要借助专业媒体而进行独立传播；第三，传播内容数字化，除文字与图片外，与企业社会责任相关的音频、视频等都可进行传播；第四，传播渠道多样，无论是台式电脑、平板电脑还是手机，都可成为企业社会责任信息的接收器。正是由于这些原因，大多企业开设了与社会责任相关联的微博、微信账号，如"南方航空"、"太平洋保险"、"中国建材集团社会责任办公室"、"创维 CSR 学习分享"等。一些企业也不局限于通过 PDF 的形式传播企业社会责任报告，还利用 APP 的方式对其进行全新的呈现。

4.4.2 内在动因

1）企业主动承担社会责任可以提升企业的信誉

良好的社会形象是企业生存和发展的基础，与不履行社会责任的企业相比，履行社会责任的企业将会赢得更高的企业声誉和良好口碑，从而获得更多的订单和发展机会，使企业竞争力和效益得到较明显的提高，这对于企业进一步发展具有很强的推动作用。

2）企业主动承担社会责任可以增强企业的竞争力

经济全球化导致企业之间的竞争非常激烈，竞争的范围也逐步扩大。当前，企业之间的竞争多表现为服务的竞争和企业形象的竞争，而履行社会责任可以提升企业社会形象、树立良好的口碑，从而赢得竞争先机。从长远来看，承担更多的社会责任是企业提高自身竞争力的需要。因为，企业积极主动地承担社会责任，可以为企业赢得良好的社会声誉，而良好的声誉有助于企业吸引顾客、投资者、潜在员工和商业伙伴，从而增强企业的可持续竞争力。

3）企业主动承担社会责任可以促进自身可持续发展

可持续发展的市场机制直接引发了企业经营目标的变化。未来的领军型企业必定是那些社会责任感、环境保护意识和商业信誉均处于优势的企业。在经济高速发展的背后，体现企业竞争优势的指标在不停地发生变化，如供货期、成本、产品质量、销售的灵活性是对企业最基本的要求，而产品的独创性、多样性、安全性以及企业的商业道德和社会责任将被视为企业竞争优势中最为鲜明的要素。越来越多的企业通过对组织治理结构、组织战略、组织行为及竞争方式的社会责任重塑，围绕社会责任打造企业核心竞争力，同时注重通过全球产业链的有效传递，在更大的范围内寻求共识、施加影响，取得了持续、健康的发展。企业只有回报社会、造福用户，才能久盛不衰。

4）企业主导承担社会责任将有利于自身的创新与学习

创新与学习对企业长期发展非常重要，可以使企业发现新的市场机会，建立有效的运营方式。在企业社会责任方面，企业通过创新与学习，把环境约束和社会压力转变为有效的市场机遇，面对一系列的问题，企业社会责任创新可以使企业更具有竞争优势。

4.5 矿产资源型企业承担社会责任的具体内容

作为一个资金高度密集型的行业，采矿业包含石油及天然气开采、煤矿开采、金属矿物开采、非金属矿物质开采以及开采配套活动五个部分，并具有很强的地方性和前期投资大的特点。由于高度依赖社区的支持，因此矿产资源型企业必须处理好与社区的关系。采矿通常会引起环境污染、生态系统破坏以及水土流失，这就使保护环境成为一个主要的企业社会责任话题。在高度危险的采矿作业中，完善的健康和安全条件能增强员工的归属感。另外，提高安全教育培训水平能够显著降低事故的发生率，并改善采矿作业的工作流程。

企业社会责任对采矿业企业起着至关重要的作用。对于企业社会责任范围有着不同的看法，有的人认为企业社会责任有五项，有的人认为有六项，还有的人认为有更多。目前，学术界公认的企业的社会责任有六项内容：股东、雇员、消费者、政府、社区和环境。[①]下面主要从利益相关者角度就矿产资源型企业的一般社会责任和特殊社会责任展开讨论。

---

① 曹凤月.企业社会责任的范围 [J].工会论坛，2004（3）：83.

4.5.1 矿产资源型企业对股东的责任

持续经营是任何一个企业发展和壮大的前提。在市场经济条件下，以委托-代理关系为基础的现代公司制是社会基本的组织形式，在该组织形式下，股东将自己的财产委托给企业的经营者进行经营，从而形成委托-代理关系，在该委托-代理关系中，股东是委托人，企业是股东的代理人，因而企业理应对股东承担相应的责任，即实现最大化的股东利益。

在市场经济条件下，绝大多数矿产资源型企业同样也是以委托-代理关系为基础的公司制企业，也需要对股东承担"实现利益最大化"的责任。具体而言，矿产资源型企业对股东承担的责任体现在以下方面：首先，承担对股东的法律责任。该责任是对股东所承担的最基本的责任，它是作为社会一员所应履行的最低限度的责任。企业对股东的法律责任，是指企业要在法律框架内进行各项生产经营活动，享有法律赋予其发展的权利，但同时也必须履行维护员工、消费者等各个利益者相关合法利益的责任。其次，承担对股东的资金安全和收益的责任。投资人将自己的资金委托给企业的目的就是获得资金回报，这是股东最基本的期望，企业理应满足其基本的期望。企业从事任何活动必须以给股东带来资金回报为目的。最后，承担对股东提供真实信息的责任。高质量的信息是股东了解企业的渠道，通过信息股东才能够决定其是否投资。投资后，股东有权利知悉资金的保值增值情况，因而企业就有责任向股东提供真实的信息。一般来说，财务报告是企业向股东提供信息最主要的渠道。因此，企业有责任及时、真实、可靠地向股东提供财务报告。

4.5.2 矿产资源型企业对消费者的责任

企业对消费者的责任属于企业应承担的法律责任。该责任是企业所应履行责任的最低要求，即企业有在法律框架要求的限度内维护消费者合法利益的责任。依据《消费者权益保护法》的规定，消费者有安全的权利、知情的权利、自由选择的权利和听证的权利，即企业如果在安全、知情、自由选择和听证方面违背消费者的意愿，侵犯消费者合法利益，使消费者遭受经济或者非经济的损失，企业就应该承担相应的法律与道义责任。

一般而言，企业对消费者承担的首要责任就是为其提供安全的产品。在此基础上，企业还需要保证消费者的知情权，自愿尊重消费者的自由选择权，即企业有责任让消费者全面了解企业的产品，从而在公平的交易环境中自由选择自己所需的产品。

4.5.3 矿产资源型企业对政府的责任

在现代社会中，政府的主要作用表现为三个方面：一是政府作为理性"经济人"在市场中追求自身的利益最大化；二是政府为了社会有序运行对经济进行适当调整；三是为了维护市场的"公平"与"效率"，设计、执行和监管必要的制度安排。内嵌于框架下，企业作为市场主体这一"社会公民"，理应接受政府的干预、调整以及执行政府设计的各种制度，接受政府监管。具体来说就是"合法经营"、"照章纳税"等具体行为，这些具体行为是企业对于政府承担的经济责任。

4.5.4 矿产资源型企业应承担的环境责任

随着经济的高速发展和人口数量的增加，我国的环境问题日益凸显，对可持续发展造成了巨大阻碍。环境问题成为我国国家治理领域的热点问题，环境的保护和改善逐渐被各级政府所重视。在深化生态文明体制改革的进程中，企业是最重要的责任担当者。由于矿产资源型企业在生产过程中对环境危害严重，所以企业在日常工作中应重点防治环境污染并从源头开始加强环境管理工作。

1）采矿业对环境带来的危害

采矿业对地形地貌有重大影响。以煤炭开采为例，内蒙古自治区每年有 0.6 万~1.0 万公顷的地表塌陷，土地资源将来再难以利用。煤炭资源开采后地表塌陷、矿区大面积沉陷、裂缝、积水和盐碱化，会使草原和耕地面积减少，而且还会加剧民族矛盾。煤矿开采中所产生的煤矸石会大量占用土地，经久不用会产生硫化物逸出或浸出造成环境污染。除煤矸石外，以煤炭为主发电的电力企业会产生粉煤灰、灰渣等有害物质。根据环保组织公布的信息，大气污染物主要包括二氧化硫、氮氧化物和悬浮颗粒等。相关研究报告数据显示，煤炭燃烧中产生的气体是形成雾霾的成因之一，在空气中 PM2.5 颗粒物中燃煤排放的气体占到了 25%，二氧化硫和氮氧化物的比例分别达到了 82% 和 47%。从行业来看，燃煤电厂和钢铁厂、水泥厂等工业排放源则是雾霾天气的主要污染源。

在矿石开采过程中，进行的地下水疏干和井下涌水排放措施，不仅会破坏地下水资源，还会污染水环境。例如，煤炭开采与发电的过程会排放大量的废水，产生大量的水污染物。在煤炭发电阶段所排出的废水中，含有大量有害物质，例如氨氮、硫化物、挥发酚、有害悬浮物、苯类、石油类等。煤炭产业的不断壮大与发展势必造成对水资源、水环境的污染，加重少数民族地区用水紧张状况，水资源枯竭成为少数民族地区煤炭行业产业化、规模化发展面临的首要问题。

采矿作业需要破坏地表形态，也会对矿区周围的生物、植被造成不可逆转的影响。生物、生态系统是脆弱的，随着采矿作业的启动，采矿人员的不断增加，会使矿区周围的动物、植被的数量锐减，而生态系统是一个复杂的循环系统，一个环节遭到破坏，将导致整个系统的连锁反应。例如，内蒙古自治区露天煤矿发展迅速，2009 年的产量达到 2.5 亿吨，占全区煤炭总产量 6.37 亿吨的 39.25%，露天煤炭的开采会对地表植被造成毁灭性破坏，这对于脆弱的草原生态来说，会带来草原的退化与沙化。

2）矿产资源型企业应加强环境管理

作为环境管理的一种手段，环境会计是一门综合性很强的边缘学科，其所反映和控制的对象极其复杂。由于没有相关环境会计强制执行的法律法规，环境会计在我国实行的状况只存在于最后的会计报表披露部分。将环境会计应用于矿产资源型企业，关键在于环境管理体系的建立，通过企业的组织行为来约束破坏环境的企业意愿。环境管理具体表现在以下几个方面：

（1）在矿产资源型企业中推进循环经济。循环经济倡导的是与环境和谐共存的经济发展模式，采用全过程处理方式，以达到资源的重复使用，在资源最大化使用的同时达到对环境影响的最小化，它是一个不断循环的过程。我国先后公布了《循环经济促进法》、《国务院关于加快发展循环经济的若干意见》、《循环经济发展规划编制指南》等法律法规。

在产业结构调整上，我国近几年做了大量工作，但总体上煤炭行业产业结构仍不乐观，高耗能的小煤矿、低产能的机器设备仍普遍存在，对环境造成严重破坏和污染。当前，各矿区的循环经济规划大都以"煤—电—建"或"煤—电—化"为主，仍跳不出高耗能和高污染的圈子，高科技和第三产业的项目太少。煤炭企业一方面应通过产业链的改进，通过引进国内外成熟的技术来提升现代化管理水平，提高煤炭资源的采出率（原煤洗选加工率达到70%，采煤机械化水平达到95%），另一方面要增加原煤的附加值，把洗精煤、焦炭作为产业链的主要种群，以焦化厂作为链条的主要环节，把"三废"综合利用作为重点，把发电厂作为各个环节能量流动的桥梁，重新设计煤炭行业循环经济产业链条，形成以焦炭、甲醇、合成氨、LNG、炭黑、化肥等多种产品和以电能、热能、废水循环模式为发展方向的煤炭行业循环经济产业链体系。

（2）通过外部的法律法规监督监管机制和信息披露制度，使得矿产资源型企业不得不面对企业环境问题，重视环境成本因素，重视清洁生产和循环经济发展模式。从企业内部治理结构的角度来看，股东或潜在的投资者应根据企业对于环境的保护程度来进行正确的投资决策。例如，日本在1999年建立了第一只SRI——Nikko生态基金（Eco-fund），也称为环保基金，这是一个将财务和环保表现的绩优企业作为投资标的的基金产品。如果日本上市公司为追求更低廉的环境成本而向海外转移生产基地，基金管理者就会减少持有该股票的份额。因此，股东在进行投资决策过程中，要从环保标准、对环境的影响评价等方面来考量，进而达到企业与社会、环境的和谐共处。

4.5.5 矿产资源型企业对员工的责任

由于采矿业安全生产风险大、员工劳动强度高、生产作业艰苦，因此员工权益保护成为行业内企业履行社会责任的核心主题之一。对于矿产资源型企业来说，就业和雇佣关系、劳动条件和社会保障，以及劳动健康和安全成为特殊的关注点，企业要确保非歧视性和安全的就业。由于采矿业对体能要求很高，因此工时、休息和假期是企业履行社会责任的重要组成元素。基于采矿业本地劳工的比例较高，企业应该尊重文化差异、宗教传统和少数民族习俗，这对于社会保障至关重要。采矿企业应该制定健康政策，提供安全和防护设备以及医疗设施，建立健全职业安全健康管理制度体系。采矿企业通过教育和培训，积极宣传"健康工作"理念，提升员工健康工作和安全工作意识。

在冶炼企业的生产过程中，矿山开采、选矿、烧结、冶炼、轧制等加工和运输环节危害员工安全、健康的因素众多，需要采取各种措施加以解决。冶炼行业企业的生产事故以爆炸、交通运输、提升设备、中毒等方面的事故为最多，而且多是死亡事故。

以煤炭开采为例，煤炭在我国一次性能源结构中处于主要位置，20世纪 50 年代曾高达 90%，虽然目前一次性能源结构已经有了一定程度的改变，但煤炭仍然占到 70% 以上。今后几十年内，煤炭资源将是一直占据支配地位的主要消耗能源，预计到 2050 年时，煤炭占一次性能源总消耗量的 50% 左右，然而随着矿井开采深度不断延伸，煤岩层的赋存条件较之以往将更加复杂，造成的灾害也日益严重。2007—2013 年煤炭企业事故发生情况见表 4-4。

表 4-4　　　　　2007—2013 年煤炭企业事故汇总表

项目＼年份	2007 年	2008 年	2009 年	2010 年	2011 年	2012 年	2013 年
事故（起）	2 421	1 954	1 616	1 403	1 201	779	604
死亡人数（人）	3 786	3 215	2 631	2 433	1 973	1 384	1 067
百万吨死亡率（%）	1.48	1.18	0.89	0.749	0.564	0.374	0.288
煤炭产量（亿吨）	25.2	27.2	29.5	32.5	35.2	36.5	37

资料来源　邓奇根，等.2001—2013 年全国煤矿事故统计分析及启示[J]. 煤炭企业.2014（9）.

通过表 4-4 可以看出，从 2007 年开始，煤炭企业事故发生次数在逐年下降，矿工死亡人数也由 2007 年的 3 786 人下降到 2013 年的 1 067 人，这与我国关闭了大量小煤矿和国家对安全生产工作的重视是分不开的。目前从百万吨死亡率指标来看，我国从 2007 年的 1.48% 下降到了 2013 年的 0.288%，与发达国家 0.02%~0.03% 的百万吨死亡率相比，仍然比较落后。

瓦斯类事故（瓦斯突出和爆炸）、冒顶和透水事故是我国煤矿事故防治工作的重点，煤炭企业应该严格按照《煤矿安全规程》和《防治煤与瓦斯突出规定》进行生产，对于有突出危险的矿井应该严格执行"四位一体"的综合防治措施进行管理，对开采煤层有爆炸性的应加强防尘和防爆监管工作，对有透水危险的煤层切实加强矿井水文地质勘探工作，落实水害防治措施。

4.5.6　矿产资源型企业应承担的对社区的责任

因矿业投资都集中于资源丰富的开采地区，不容易进行撤资和转资，所以矿产资源型企业的发展与地方社区的稳定有至关重要的关系。因此，社区参与在强化社会凝聚力方面起着至关重要的作用。社会责任指南标准（ISO 26000）中与社区参与最相关的企业社会责任问题包括：社区参与、创造就业机会、技能发展、创造财富和收入以及健康。普华永道在其《2001 年矿业和矿产可持续发展调查报告》中鲜明地指出了参与地方社区发展的重要性。47% 的受访者表示，对他们而言，与地方社区进行的正式协商和与政府及员工进行的具有法律约束力的协商同等重要，并且前者最为普遍。有关法律规定，国家在民族自治地方开采矿产资源，应当照顾民族自治地方的利益，作出有利于民族自治地方经济建设的安排，照顾当地少数民族群众的生产和生活。民族自治地方的自治机关根据法律规定和国家的统一规划，对可以由本地方开发的矿产资源，优先合理开发利用。[①]在少数民族地区进行矿产资源开采的企业应加大社区参与度，如捐赠救助贫困地区的教育、支持公益事业等，

---

① 《中华人民共和国矿产资源法》第三章第二十八条。

也要关注土地使用权、水资源使用、占地赔偿标准等，这些措施会对祖祖辈辈定居在采矿区的少数民族群众的经济利益和生活产生深远影响。另外，对于自然资源的补偿和分配机制，也是需要合理解决的重点问题。

对少数民族地区矿产资源型企业而言，其社会责任核心是环境、员工安全、社区参与与发展。矿产资源型企业的运营包括选矿址、采掘以及提炼不可再生的自然资源（如金属和矿物），大部分的产品都以原材料的形式供应给其他行业。作为一个资金高度密集型的行业，采矿行业具有很强的地方捆绑性和前期投资大的特点。由于需要高度依赖社区的支持，因此社区参与和发展是企业社会责任活动的重点。采矿所引起的污染、生态系统的破坏以及水土流失，使环境保护成为另一个主要的企业社会责任。在高危险性的采矿作业中，完善的健康和安全条件能增强员工的组织归属感，教育活动和培训能降低事故的高发率并改善采矿作业的工作流程。环保生产技术能够减少因污染和使用有毒物质等造成的健康风险，这极大地推动了运营效率的改进。由于运营效率、组织归属感和学习能力得到了提高，具备社会责任感的企业可以改善其生产力，尤其是资源和能源生产力。

采矿作业的透明度、社区参与决策制定、少数民族地区权利保护和社区健康及污染控制为开矿作业项目的合法性铺平了道路。地方经济发展和合法性则反过来改善了地方社区和公众对采矿作业的认同度，减少了采掘项目的社会风险。环境污染和破坏的减少，则有助于减小阻碍采矿作业的自然灾害风险。

第5章　少数民族地区矿产资源型企业社会责任履行状况分析：基于信息披露视角

自 20 世纪 90 年代以来，企业社会责任问题一直是理论界与实务界所关注的热点问题。国际社会普遍认为：不管在哪个时代，实力与能力兼备的团体机构都需要为整个社会履行责任，尤其是作为市场经济中的主要机构——企业，其所做出的每一个决定、每一个行为动作都需要考虑到社会责任问题。由于经济全球化的不断发展，企业的影响力日益增强，与此同时，企业社会责任履行方面的问题也日益突出，因此企业社会责任履行情况及企业自身社会责任管理就显得尤为重要。

5.1　企业社会责任信息披露现状

20 世纪末，企业社会责任观念在我国刚刚兴起，由于经济发展水平和企业履行社会责任的氛围尚未形成等原因，企业社会责任或以慈善、公益为主，或以遵循国际采购商供应链准则为主，处于被动、自发阶段。2006 年被视为中国企业社会责任元年，涌现出数家将企业社会责任作为实现可持续发展路径的先锋企业。同年，国家电网发布了中国第一份企业社会责任报告，73 家企业加入到联合国所倡导的《全球契约》。2006 年以来，越来越多的企业发布社会责任报告，向利益相关方披露社会责任信息，增强企业透明度，促进企业社会责任管理水平提升。截至 2013 年 10 月，我国发布社会责任的企业超过 2 000 家，社会责任报告数量、质量逐年提高（见表 5-1）。

表 5-1　　　　　　　　中国企业社会责任报告发布数量

年份	2000 年	2001 年	2002 年	2003 年	2004 年	2005 年	2006 年	2007 年	2008 年	2009 年	2010 年	2011 年	2012 年
数量（起）	1	2	3	3	4	11	30	96	169	662	758	1 042	1 870

资料来源　中国企业发展报告 2006—2013 编写组 . 中国企业发展报告 2006—2013［M］. 北京：企业管理出版社，2014：6.

从相关调查数据来看，中国不同所有制企业（国有企业、外资企业、民营企业）履行社会责任的水平尚不均衡，国有企业（包括国有企业和国有控股企业）和外资企业履行社会责任的情况相对较好，且各有优势和特点；而民营企业履行社会责任水平差距相对较大。在企业社会责任战略与治理、对利益相关方履责、信息披露、责任竞争力几个关键议题上，不同类型的企业状况并不均衡。

相关调查表明，尽管这些年中小企业在履行社会责任方面已经有了很大的进步，但是，从各项统计来看，中小企业履责水平明显低于大型企业。中国不同地区发展的不平衡，同时也体现在企业社会责任方面。调查显示，依据注册地将企业按照东部、中部和西部三个地区划分，东部企业开展社会责任实践较多，而中部和西部地区企业则相对较少。在东部地区，又以北京、上海、广东、江苏、浙江等发达省市的社会责任活动较为积极主动。

5.2　矿产资源型企业社会责任信息披露的法律要求

社会责任报告是企业对外加强沟通、对内提升管理的重要工具，也是企业推进社会责任工作的重要抓手，同时也是促进行业在社会中树立正面形象和提升行业健康发展的工具。2008 年，国资委发布《关于中央企业履行社会责任的指导意见》规定，中央直属企业履行环境社会责任并发布社会责任报告；2007 年，深圳证券交易所发布《深圳证券交易所上市公司社会责任指引》。由于矿产资源型企业开矿破坏环境，按照我国环境保护相关法规，企业属于高污染、高耗能产业，生产中产生的污染物如果对环境造成影响就必须履行其所担负的环境责任，积极地向受其影响的社区和大众公开有关信息。以下梳理企业环境信息公开的立法现状。

5.2.1　《中华人民共和国环境保护法》

1989年，第七届全国人大常委会制定并颁布了《中华人民共和国环境保护法》，2014年4月24日第十二届全国人大常务委员会第八次会议修订了该法，并于2015年1月1日起开始实施。新环保法扩大了提起环境公益诉讼的主体范围，加大了对环境违法行为的处罚力度。在新环保法中，规定县级以上人民政府环境保护主管部门和其他负有环境保护监督管理职责的部门，应当依法公开环境质量、环境监测、突发环境事件以及环境行政许可、行政处罚、排污费的征收和使用情况等信息。县级以上地方人民政府环境保护主管部门和其他负有环境保护监督管理职责的部门，应当将企业事业单位和其他生产经营者的环境违法信息记入社会诚信档案，及时向社会公布违法者名单。[①]重点排污单位应当如实向社会公开其主要污染物的名称、排放方式、排放浓度和总量、超标排放情况，以及防治污染设施的建设和运行情况，接受社会监督。[②]

5.2.2　《中华人民共和国清洁生产促进法》

2002年，第九届全国人大常委会第28次会议通过了《中华人民共和国清洁生产促进法》，它的目标是提倡、推动企业进行清洁生产，提高资源使用效率，使得污染物少排放或零排放，从而提高环境质量，保障人民群众身体健康，促进经济与社会和谐的可持续发展。但在实践过程中，随着新情况、新问题的不断涌现，该法的许多内容已经不适应新的经济社会环境。2012年，第十一届全国人大常委会第25次会议通过

---

① 《中华人民共和国环境保护法》第五章第五十四条。
② 《中华人民共和国环境保护法》第五章第五十五条。

了《关于修改〈中华人民共和国清洁生产促进法〉的决定》，修正之后的《中华人民共和国清洁生产促进法》共六章四十条，分为总则、清洁生产的推行、清洁生产的实施、鼓励措施、法律责任、附则六个组成部分，自 2012 年 7 月 1 日起施行。新的《中华人民共和国清洁生产促进法》是我国循环经济全面推广的重要法律基础。

《中华人民共和国清洁生产促进法》第三章第三十一条：根据本法第十七条规定，列入污染严重企业名单的企业，应当按照国务院环境保护行政主管部门的规定公布主要污染物的排放情况，接受公众监督。第五章第四十一条：违反本法第三十一条规定，不公布或者未按规定要求公布污染物排放情况的，由县级以上地方人民政府环境保护行政主管部门公布，可以并处十万元以下的罚款。

5.2.3 《中华人民共和国安全生产法》

为维护职工的职业安全健康，《中华人民共和国安全生产法》于 2002 年 11 月开始施行。这为改善我国的职业安全健康状况从法律上给予了确认。2014 年 8 月 31 日，第十二届全国人大常委会第 10 次会议通过全国人大常委会关于修改《中华人民共和国安全生产法》的决定，自 2014 年 12 月 1 日起施行。该法确立了三个基本目标：第一是保障劳动者的生命安全；第二是保护国家财产安全；第三是推进社会经济发展。该法对采矿业的规定如下：矿山、金属冶炼建设项目和用于生产、储存、装卸危险物品的建设项目，应当按照国家有关规定进行安全评价。危险物品的生产、储存单位以及矿山、金属冶炼单位的安全生产管理人员的任免，应当告知主管的负有安全生产监督管理职责的部门。危险物品的生产、储存单位以及矿山、金属冶炼单位应当有注册安全工程师从事安全生产管理工作。矿山、金属冶炼建设项目和用于生产、储存、装卸危险物品的建设项目的安全设施设计应当按照国家有关规定报经有关部门审查，审查部门及其负责审查的人员对审查结果负责。生产经营单位使用的危险物品的容器、运输工具，以及涉及人身安全、危险性较大的海洋石油开采特种设备和矿山井下特种设备，必须按照国家有关规定，由专业生产单位生产，并经具有专业资质的检测、检验机构检测、检验合格，取得安全使用证或者安全标志，方可投入使用。

5.2.4 《环境保护行政主管部门政务公开管理办法》

国家环保总局 2003 年 4 月在北京发布《环境保护行政主管部门政务公开管理办法》，2004 年 9 月 22 日发布《关于企业环境信息公开的公告》，均将企业环境信息分为法律强制性公开信息和自愿公开信息两类。

5.2.5 《重点企业清洁生产审核程序的规定》

国家环保总局 2005 年 12 月在北京公布了《重点企业清洁生产审核程序的规定》，在规定中重新界定了污染企业的分类，将在生产中以污染物超标排放或者污染物排放总量超过规定限额的企业划定为污染企业，又叫做"双超"企业；将使用或排放有毒有害物质的企业确定为第二类污染企业，又称为"双有"企业。"双超"企业被要求披露环境信息，例如在当地主要媒体公布企业名称、规模、法人代表、企业注册地址和生产地址，主要原辅材料（包括燃料）消耗情况，主要产品名称、产量，主要污染物名称、排放方式、去向、污染物浓度和排放总量，应执行的排放标准、规定的总量限额以及排污费缴纳情况等。[①]《重点企业清洁生产审核程序的规定》附件中所披露的需重点审核的有毒有害物质名录，其中，稀有金属冶炼及铍化合物生产，有色金属采选和冶炼及含铜、锌废物，有色金属采选及冶炼及含砷、硒、镉、锑废物均属于重污染环境的物质。

5.2.6 《环境信息公开办法（试行）》

2007 年，原国家环境保护总局颁布了《环境信息公开办法（试行）》，对企业环境信息公开披露作了系统、全面的规定，政策主旨是政府主导为主，企业作为辅助；环境信息公开以企业自愿为主、政府强制为辅。《企业事业单位环境信息公开办法》已于 2014 年 12 月 15 日由

---

① 《关于重点企业清洁生产审核程序的规定》第二条、第五条。

环境保护部部务会议审议通过，自 2015 年 1 月 1 日起施行。《企业事业单位环境信息公开办法》共 18 条，主要内容有国家鼓励企业事业单位自愿公开有利于保护生态、防治污染、履行社会环境责任的相关信息。对于重点排污单位需要强制披露企业基础信息、排污信息、防治污染设施的建设和运行情况、建设项目环境影响评价及其他环境保护行政许可情况；突发环境事件应急预案、其他应当公开的环境信息。如果重点排污单位没有按照规定进行环境信息披露，由县级以上环境保护主管部门根据《中华人民共和国环境保护法》的规定责令公开，处 3 万元以下罚款，并予以公告。

5.2.7　对于上市公司信息披露的相关法律法规

2008 年 5 月，上交所针对中国企业的国际环境社会责任问题，公布了《上海证券交易所上市公司环境信息披露指引》，主要对上市公司应披露的环境信息、环保投资和环境技术开发情况进行了相关规定。

2010 年，环境保护部出台了《上市公司环境信息披露指南》（征求意见稿），指南中规定：上市公司应当准确、及时、完整地向公众披露环境信息。该《指南》（征求意见稿）要求火电、钢铁、水泥、电解铝等 16 类对环境污染严重行业的上市公司应当承担相应的社会责任，发布环境报告，定期对污染物排放情况、环境管理等方面的环境信息进行披露；对非重污染行业的上市公司，则鼓励披露年度环境报告；依法应开展强制性清洁生产审核的企业且已经被环保部门公布的上市公司，其年度环境报告应披露主要污染物的名称、排放方式、排放浓度和总量等环境相关信息。如果企业发生环境突发事件，导致污染严重，要求上市公司在 1 日内公布临时环境报告，对于国家重点监控企业在 1 年中应公布 4 次监督性监测环境情况。

2014 年 10 月 2 日，环境保护部发布了《关于改革调整上市环保核查工作制度的通知》，该通知主要调整了上市环保核查工作制度，也督促上市公司切实承担环境保护社会责任，严格遵守各项环保法律法规，建立环境管理体系，完善环境管理制度，实施清洁生产，持续改进环境表现。上市公司应按照有关法律要求及时、完整、真实、准确地公开环境信息，并按《企业环境报告书编制导则》（HJ617-2011）定期发布企业环境报告书。该文件要求各级环保部门应加强对上市公司的日常环保监管，加大监察力度，发现上市公司存在环境违法问题的，应依法处理并督促整改。

5.3　博弈论视角下社会责任信息披露的博弈分析

5.3.1　博弈论概述

博弈论，亦名"对策论"、"赛局理论"，属于应用数学的一个分支，目前已经成为经济学的标准分析工具之一。博弈论在生物学、经济学、国际关系、计算机科学、政治学、军事战略和其他很多学科都有广泛的应用。博弈论主要研究公式化了的激励结构间的相互作用，是研究具有斗争或竞争性质现象的数学理论和方法，也是运筹学的一个重要学科。博弈论考虑游戏中的个体的预测行为和实际行为，并研究它们的优化策略。生物学家使用博弈理论来理解和预测进化论的某些结果。

1）博弈论的定义

博弈，是指个人或组织在一定的环境条件下，以一定的规则进行决策并从中获得相应结果的过程。

博弈论，一种研究决策者的行为在发生直接的相互作用时的决策以及这种决策的均衡问题的理论。

2）博弈论的组成要素

一个博弈一般由以下几个要素组成：参与人、行动、信息、策略、得益、均衡、均衡结果等。

参与人指的是博弈中选择行动以最大化自己效用的决策主体；行动是指参与人在博弈进程中轮到自己选择时所作的某个具体决策；信息指的是参与人在博弈中所知道的关于自己以及其他参与人的行动、策略及其得益函数等知识；策略是指参与人选择行动的规则，即在博弈进程中，什么情况下选择什么行动的预先安排；得益是参与人在博弈结束后从博弈中获得的效用，一般是所有参与人的策略或行动的函数，这是每个参与人最关心的东西；均衡是所有参与人的最优策略或行动的组合；均衡结果是指博弈结束后博弈分析者感兴趣的一些要素的集合，如在各参与人的均衡策略作用下，各参与人最终的行动或效用集合。

上述要素中，参与人、行动、均衡结果统称为博弈规则，博弈分析的目的就是使用博弈规则来确定均衡。

5.3.2 社会责任会计信息披露的博弈分析——以环境信息为例

由于环境资源具有非排他性，环境资源的消费者不仅仅是每个自然人，还包括依靠环境资源进行生产或是产品对环境产生影响的企业，在这种情况下，就出现了环境资源所有权和使用权的分离，因此，环境资源的相关利益主体相当广泛，环境会计信息的主要使用者应该包括政府、社会公众、企业经营者和股东。这些利益相关者会从不同角度、不同程度地推动或抵制环境会计信息的披露。

1）基本假设

（1）理性人假设。各个利益相关者充分考虑自身利益，并且以期自己的利益目标函数最大化。

企业作为会计信息的提供者和披露者，其具有信息不对称优势。由此可能导致企业在环境信息披露的过程中利用这一优势，通过操纵"逆向选择"和"道德风险"，使自己的利益最大化。

政府作为会计信息的使用者，代表着社会公众的利益。其在企业环境信息的披露过程中尤其注意披露的真实、完整和公允，但由于自身是站在不完全信息的静态博弈的角度，故其对企业的约束力有限。

股东需要企业真实地披露企业环境会计信息，以便作出是否投资的决策。

社会公众作为会计信息的需求者，要根据会计信息的真实与虚假，作出是否购买其商品或服务的决定。

（2）最优假设。对弈者最大化自己的目标函数，能够选择使其效益最大化的策略。博弈的双方都有选择或者不选择的权利，且两种策略只能二选其一。

（3）存在支付成本。博弈的双方为了自身的利益最大化，都需要支付相应的成本，并且这种成本是可承受的。

2）企业和政府之间的博弈分析

20世纪90年代以来，面对日益严峻的环境问题，我国政府提出了可持续发展的理念，积极探索新型工业化道路。作为不同的利益主体，企业和政府具有不同的目标。企业作为以营利为目的的组织，自身经济利益最大化是其最根本的目标，因此，只要有利于企业价值增长的活动，企业就可能为达到目的而忽略其他相关主体的利益，在发展的过程中就会忽视由此带来的环境的破坏和资源的浪费，无视其他主体的利益。而作为政府，由于其特殊的角色地位，代表的是社会公众的利益，着眼于社会的可持续发展，为环境保护和资源的可持续利用负责，同时承担着提供优质的公共服务的职能，为人们的日常生活和社会的长远利益服务。因此，在企业和政府为各自的利益进行博弈的过程中，环境会计信息作为评价企业环境保护现状和预测未来环境风险及质量的标准，便成为了博弈的工具。在这里，假设政府对于企业环境会计信息的披露有监督和不监督两种情况，企业面对政府的要求有披露和不披露环境会计信息两种情况。

当企业在选择是否进行环境信息披露时，需要考虑以下两个因素：第一，政府对于信息披露是否有强制性。若存在强制性，就予以披露，反之则不披露。第二，企业在进行信息披露时还面临成本因素，即由于环境会计的相关制度不健全而造成的程序成本和财务信息泄露带来的机会成本等。同样，政府对于企业环境会计信息披露有监督和不监督两种行为。根据博弈双方的自利和理性的假定，政府在面对信息披露时，一方面，要对经济的可持续发展和社会公众的利益负责，就需要对环境会计信息进行监督和控制。另一方面，政府在考虑促进经济发展，实现GDP增长目标的时候，可能会对一些企业采取放任和纵容的态度，特别是当地的支柱产业和大型企业。

在这种情况下，企业和政府的利益就形成了内在的联系，企业要在发展经济的前提下遵循政府的强制性要求，而政府的利益很大程度上也依赖于企业实现的经济增长。最终，企业和政府就会达到一种经济学上的"帕累托最优"。

3）企业和社会公众的博弈分析

在企业和社会公众的博弈关系中，企业是环境会计信息的供给者，而社会公众是该信息的需求者。作为两个不同的利益主体，目标当然也是不同的，也都会选择各自利益最大化的行为。所以，在企业和社会公众之间很难就信息的披露达成一致的意见，因此两者之间的博弈应该是一种短期非合作博弈。在这场博弈中，假设社会公众所面对的是上市公司，则企业的可选策略有真实披露或是虚假披露，那么社会公众对于企业的信息披露，可以选择购买该企业股票或不购买。

如果信息供给者真实、充分地披露环境会计信息，则理性的投资者会根据真实信息作出投资决策，使其效用达到最大化，社会资源得到最有效的利用。然而，无论社会公众怎样选择，企业对环境会计信息进行虚假披露或者不披露时的收益总比真实披露时大。因此可以推测出，在一次性静态博弈中，企业总会从自身利益出发选择虚假披露或不完全披露，而理性的公众也会预见到企业可能的行为，从而选择不购买该企业股票。那么，此次静态博弈的结果将导致"纳什均衡"，即企业选择虚假披露环境会计信息，而公众选择不购买。此时的均衡状态并不是我们所期望的，这样的结果既不利于企业发展，也不利于公众的收益最大化，因此，应该对此时的状态进行合理的改进。可以通过增加真实披露的收益和降低虚假披露的收益两个方案，使企业选择真实披露环境会计信息，同时公众选择购买该企业股票，进而使两者的自身利益都达到最大化，此时的博弈也可达到最优均衡。

对于提高真实披露的收益，可以采取的策略是选择合适的激励机制，即政府可以对于真实披露的企业给予更多的奖励及税收优惠政策，公众也对进行真实披露的企业给予更多的好评。另外，通过加强环境会计信息披露方法和技术的研究，使企业降低披露成本，进而提高真实披露的收益。

对于降低虚假披露信息的收益，可以采取的策略为加强监管及惩罚力度，并利用媒体的力量，对虚假披露的企业进行负面宣传，使得该企业在公众中的形象降低，社会商誉下降，从而使得企业进行虚假披露的收益降低。

4）企业和股东之间的博弈分析

现代股份制企业的核心是实现了所有权和经营权的分离，股东将资产委托给经营者管理，从而产生了股东和经营者之间的"委托－代理"关系，股东和经营者利益目标是不一致的。对于股东来说，他们考虑的是企业的价值升值，追求的是股东财富最大化，希望企业的经营者能最大限度地为公司带来最大的利益。但对于经营者来说，他们考虑的是自身的利益，股权收益与其他无关或者关系不大，他们的目标是工作报酬和闲暇时间多带来的总效用最大化。

在环境会计信息披露方面，由于企业的经营管理委托给了管理层，股东无法直接了解环境会计信息的披露情况，而正是由于这种信息上的不对称，使得管理者只披露那些对于自己有益的信息，而对于那些可能对其造成不利影响的信息则避免披露。这些未被披露的会计信息一方面反映了公司在治理过程中的不足之处，另一方面一旦被发现就会为公司带来极大的负面影响，从而直接影响股东的切身利益。在这种自利和理性的前提下，股东和经营者之间要想达成"纳什均衡"，就要在"逆向选择"和"道德风险"方面进行博弈。

因此，在这种博弈下，企业的经营者与股东会达成一致，对于环境会计信息进行有选择的披露，即只披露对企业有利的信息，而对不好的信息则不披露或进行虚假披露，从而达到企业利益的最大化，但是这种最大化并不一定是整个社会利益的最大化，因为虚假的环境会计信息是背离社会公众利益的。因此，在这种情况下，就需要对披露的信息进行监督。

5.4　少数民族地区矿产资源型上市公司社会责任信息披露的具体分析

由于少数民族地区矿产资源型中小企业的社会责任报告数据缺乏，本书以上市公司为例，对内蒙古自治区、广西壮族自治区、宁夏回族自治区、云南省、贵州省的矿产资源型公司的社会责任报告进行数据统计与分析。

5.4.1 内蒙古自治区上市公司社会责任信息披露的分析

内蒙古自治区是一个能源矿产储量巨大、有色金属矿产种类丰富、稀土资源独特、非金属矿产分布广泛的区域矿产优势明显的地区。

1）内蒙古自治区矿产资源型上市公司概述

内蒙古自治区是全国资源富集大省，其矿产资源类上市公司共有 8 家，依次为包钢股份、平庄能源、赤峰黄金、包钢稀土、露天煤业、兴业矿业、伊泰 B 股和亿利能源。按发行股票种类来划分，伊泰集团发行 B 股，其余 7 家发行 A 股，具体情况见表 5-2。

表 5-2　　　　　内蒙古自治区矿产资源型上市公司概况

代码	证券交易所	股票名称	所属板块	社会责任报告	企业类型
600010	上海	包钢股份	黑色金属	否	国有企业
900948	上海	伊泰 B 股	煤炭	有	中央直属企业
600988	上海	赤峰黄金	有色金属	否	民营企业
600111	上海	包钢稀土	有色金属	有	国有企业
002128	深圳	露天煤业	煤炭	有	国有企业
000426	深圳	兴业矿业	有色金属	否	国有企业
600277	上海	亿利能源	煤炭	否	民营企业
000780	深圳	平庄能源	煤炭	有	国有企业

资料来源　根据巨潮网站的数据编制.

本书选取了具有代表性的 4 家上市公司——稀土行业老大包钢稀土、中国第一个现代化煤矿——露天煤业、煤炭行业第一枚中国驰名商标的获得者——伊泰集团和经历过重大资产置换的平庄能源。由于其他上市公司没有公开发布社会责任报告，所以我们以上述 4 家上市公司发布的 2012 年度及 2013 年度社会责任报告为样本分析内蒙古矿产资源类上市公司社会责任信息披露现状。

包钢稀土经过半个多世纪的建设与发展形成了健全的产业发展格局，拥有完整的产业链，包括稀土选矿、冶炼、分离、科研、加工及应用。根据稀土拥有量排名，中国是世界第一大稀土资源国，其余三大稀土资源国分别为美国、俄罗斯、澳大利亚。内蒙古自治区的包钢稀土作为我国稀土行业的龙头企业，是我国最大的稀土产业基地。

位于内蒙古自治区东部的霍林河露天煤业股份有限公司是全国首家大型露天煤业上市公司，是我国仅有的五大露天煤矿之一。同时，它也是亚洲第一个现代化露天煤矿。公司采用露天开采运作模式，具有低成本、高效率、作业安全、施工建设周期短等优点。

伊泰集团是一家以生产经营煤炭为主业的大型现代化企业，现有大中型煤矿 14 座。它获得了煤炭行业第一个"中国驰名商标"的称号。伊泰集团生产经营的煤炭具有低灰、低磷、低硫、热值高等特点，属于绿色环保型优质动力煤。

坐落于内蒙古自治区赤峰市元宝山区的内蒙古平庄能源股份有限公司，主要经营业务是煤炭生产、洗选加工及销售。公司年均煤炭生产能力达到 900 万吨左右，拥有风水沟矿、西露天矿、六家矿、古山矿、老公营子矿和物资供应公司、煤炭销售公司等。

2）内蒙古自治区矿产资源型上市公司社会责任信息披露分析

（1）内蒙古自治区矿产资源型上市公司生态环境保护信息分析。上市公司的年度报告和社会责任报告中所披露的企业生态环境保护信息指标各不相同，但是基于矿产是不可再生资源，在充分利用的同时还要考虑开采时对矿区带来的诸多环境影响（比如矿区土地塌陷、地质环境遭到破坏以及矿区排放的"三废"等），使得上市公司对于生态环境保护信息的披露呈现出多样性。

平庄能源首先披露了煤炭的回采率，它的回采率为 82%，回采率的大小代表了企业在生产煤炭的过程中对煤炭这种不可再生能源的重复利用率。平庄能源的煤炭回采率达到 82%，说明它对煤炭的重复利用情况比较理想。2013 年，平庄能源着重披露了在环保方面的投资，环保专项资金投入达 820.56 万元。2012 年，平庄能源用于节能、矿区生态、粉煤尘处理、噪声处理（治理）等方面的支出经费 1 583.51 万元，较上年的环境费用支出 2 515.69 万元少了近 1 000 万元，说明 2012 年该企业在环境治理方面投入力度有所降低，这可能与企业的经济状况有一定的关系。

露天煤业的煤炭回采率高达 95%，远高于平庄能源，这说明露天煤业对于煤炭资源的重复利用已经达到了较高水平。露天煤业在社会责任报告披露中着重强调了企业对矿区土地的复垦情况。因为煤炭矿产在开采的同时会破坏地表植被，发生水土流失现象，还会影响土地耕作物的生长，而土地的复垦情况恰恰能够反映该企业对矿区环境的治理情况，所以露天煤业在所披露社会责任报告中注重土地复垦信息是一个明智的行为。2013 年，露天煤业用于矿山生态治理投资 5 212.32 万元，实施生态环境治理 15 013.41 亩；完成覆土量 34.11 万立方米，排土场覆土面积 40.58 万平方米；完成复垦治理面积 672.26 亩，复垦投资 268.76 万元，而 2012 年投入的复垦资金为 307.68 万元，说明企业在进行复垦治理时缩减了治理费用。2012 年矿区林木的成活率达到 80%，土地复垦率达到 100%；而 2013 年矿区林木成活率只达到 75%，复垦率只达到 95%，两个指标较 2012 年有所下降。可以说，治理排土场和植树造林有效地支援了环保型矿场建设，保证了企业的可持续发展。

伊泰集团执行"百年伊泰、绿色能源"的方针，实现了产品结构向低投入、低消耗、低污染、高效益方向的转变。2011 年伊泰集团的回采率为 80%，低于露天煤业，说明该企业在煤矿的循环利用上有待加强。2013 年，伊泰集团新种植乔木 417.71 万株、灌木 14.5 万株、沙柳 21.6 万亩、沙柳网格 1 640 亩、草 2.8 万平方米，绿化投资额合计 17 401.98 万元。2012 年，伊泰集团共修复植被、种植树木达到 68.78 万株，投资总额 4 054 万元，排矸费用支出 2 504.40 万元，生态恢复支出 3 914.84 万元。这些数据显示了伊泰集团在矿区水资源、煤炭废渣等方面进行治理后，进一步进行了矿区生态修复，表明伊泰集团在注重自身发展的同时也在兼顾着生态环境的协调，为自身赢得长远的发展机会。

2013 年，包钢稀土用于环境保护的成本为 6 600.42 万元，同比增长 11.4%。其中，环保费支出为 3 269.65 万元，相比 2012 年的 3 918.26 万元同比下降 16.6%；排污费支出为 3 330.77 万元，同比增长 65.8%。从上述数据可知，虽然 2013 年包钢稀土对于生态环境保护的支出大于 2012 年，排污费增长率很高，但是环保费支出却处于下降状态。

虽然上述上市公司在生态环境保护方面所披露的信息各不相同，但作为履行社会责任的重要表现，同时也表明了公司积极在为资源环境的改善和可持续发展贡献自己的力量。这种信息披露不仅是矿产资源类上市公司应该做的，也是所有在生产销售中对生态环境产生破坏的企业都应该做的。

（2）内蒙古自治区矿产资源型上市公司人力资源信息分析。矿产开采过程是一个危险的过程，所以矿产资源类企业对员工作业的安全问题尤为重视。除了安全问题，为提高员工的综合素质，企业还通过组织各方面的培训教育、建立合理的薪酬体系，为员工提供良好的工作环境，让员工对企业有归属感，并且激励其在工作岗位上积极工作。

通过表5-3可知，内蒙古自治区矿产资源类上市公司社会责任信息披露内容并不健全。员工培训次数评价指标的比重大表明公司重视员工发展，有"以人为本"的社会责任感。平庄能源的员工培训次数大于伊泰集团，说明平庄能源比伊泰集团更加重视人员的素质发展。露天煤业既没有披露员工培训人次也没有披露相应投入的金额。

表 5-3 　　　　　　　　**内蒙古自治区矿产资源型上市公司**

人力资源信息的评价指标

指标	平庄能源		露天煤业		伊泰 B 股		包钢稀土	
年份	2012 年	2013 年	2012 年	2013 年	2012 年	2013 年	2012 年	2013 年
员工培训人次	26 342	24 713	—	—	16 830	10 215	2 790	3 561
员工培训投入（万元）	—	885.34	—	—	726	888.52	—	—
员工工资增长率（%）	-48.92	291	39.96	-7.16	37.79	31.67	20.15	5.78

资料来源　根据企业公布的社会责任报告编制.

从员工工资增长率这个评价指标来看，2013年平庄能源远高于露天煤业、伊泰集团和包钢稀土，而且露天煤业属于负增长模式。2012年伊泰集团增长率高于其他3家上市公司。从整体数据来看，伊泰集团的员工在企业享有的待遇更好些，这也表明该公司在经济效益提升的同时也更注重对员工的回报。

（3）内蒙古自治区矿产资源型上市公司社会贡献评价分析。企业在年报以及社会责任报告中，会加大对社会贡献数据的披露情况，这样不仅可以增强企业的品牌效应，还可以让企业在创造效益的同时回报社会，以此来增强企业社会责任感。

从表 5-4 的社会就业增长率指标来看，平庄能源和露天煤业的增长率均为负数，说明两家企业 2013 年度的职工总数小于 2012 年度，企业吸纳就业的能力下降了；伊泰集团的社会就业增长率为 7.61%，说明 2013 年度企业职工的就业数量增加，公司吸纳就业能力增强。从员工总数来看，截至 2013 年年底，平庄能源员工为 11 235 人，伊泰集团为 7 408 人，露天煤业为 4 416 人，包钢稀土母公司为 3 963 人（含子公司总职工数为 11 107 人）。

表 5-4 　　　　　内蒙古自治区上市公司企业社会贡献评价指标

指标	平庄能源		露天煤业		伊泰 B 股		包钢稀土	
年份	2012 年	2013 年	2012 年	2013 年	2012 年	2013 年	2012 年	2013 年
社会就业增长率（%）	2.1	-1.07	1.2	-0.34	30.2	7.61	2.04	6.85

资料来源　根据企业的社会责任报告编制.

（4）内蒙古自治区矿产资源型上市公司社会责任报告情况分析。上市公司可以通过发布的上市公告书、招股书说明书或年度报告、社会责任报告的形式披露社会责任会计信息。内蒙古自治区矿产资源类上市公司披露社会责任信息的方式多种多样，见表 5-5。

表 5-5 　　　　　　　内蒙古自治区矿产资源类
上市公司发布独立社会责任报告统计表

年份	2007 年	2008 年	2009 年	2010 年	2011 年	2012 年	2013 年
平庄能源	无	无	无	无	有	有	有
露天煤业	无	无	有	有	有	有	有
伊泰 B 股	无	有	有	有	有	有	有
包钢稀土	无	有	有	有	有	有	有

资料来源　根据企业的社会责任报告编制.

从表 5-5 可以看出，这 4 家矿产资源类上市公司在 2007 年以前没有一家单独披露社会责任报告；从 2008 年起，首先是伊泰集团和包钢稀土最先发布企业社会责任报告，然后是露天煤业发布了独立的社会责任报告；从 2011 年开始，这 4 家上市公司都能够独立发布相应的企业社会责任报告，说明内蒙古自治区的矿产行业对社会承担责任的意识越来越强，这不仅促进了企业的可持续发展，也提高了内蒙古自治区矿产资源类企业在全国乃至世界上的竞争力。

（5）内蒙古自治区矿产资源型上市公司社会责任报告内容分析。企业社会责任报告内容可分为六大类。第一大类是环境问题，包括污染控制、环境修复、节能减排、开发环保产品、商品的循环利用等。第二大类是员工问题，包括工资、福利待遇、安全健康以及员工培训等。第三大类是社区问题，主要包括企业对所处地域、社区的贡献情况。第四大类是一般社会问题，包括考虑社会上的公共安全、弱势群体利益以及对社会的公益捐赠情况等。第五大类是消费者问题，主要包括产品安全和提高质量问题。第六大类是债权人、银行问题类，主要包括对债权人、银行的履约责任。

根据以上分类，我们对内蒙古自治区矿产资源类上市公司社会责任信息披露情况采用点数法进行统计。评分细则为：根据大类项目进行评分，若公司的社会责任报告披露相应项目则加 1 分，若披露相应的金额再加 1 分，统计结果见表 5-6。

表 5-6 　　　　　**内蒙古自治区矿产资源类上市公司**

社会责任报告披露情况

公司简称	评价指标						
	环境问题	员工问题	社区问题	一般社会问题	消费者问题	债权问题	合计
平庄能源	2	2	2	2	2	2	12
露天煤业	2	1	0	2	1	2	8
伊泰 B 股	2	2	1	2	1	2	10
包钢稀土	1	2	2	2	1	2	10

资料来源　根据企业的社会责任报告编制.

从表 5-6 可看出，在内蒙古自治区矿产资源类上市公司社会责任报告中，一般社会问题和债权问题披露的信息最多，既提到项目也列示所付出的金额。矿产资源类上市公司将承担社会责任的重点放在一般社会问题中的公益捐赠这一模块，而考虑群体的利益或关注犯罪失业、公共安全内容少之又少。关于社区问题和消费者问题的披露量最少。露天煤业、伊泰集团和包钢稀土在所披露的社会责任报告中提到了产品安全和质量的问题，但却没有披露提高产品安全质量所支付的金额，所以我们从其社会责任报告中无法得知企业为消费者所付出的努力有多少。员工问题和环境问题得分一样，其关注度小于一般社会问题和债权问题，大于社区问题和消费者问题。

5.4.2 云南省矿产资源型企业社会责任信息披露的分析

1）云南省矿产资源型上市公司概述

云南省的矿产资源型上市公司一共有 7 家，分别是云铝股份、云南铜业、锡业股份、云南锗业、驰宏锌锗、云煤能源、贵研铂业（见表5-7）。本书以锡业股份、驰宏锌锗、云煤能源 3 家上市公司作为样本企业进行社会责任分析研究。

表 5-7　　　　　云南省矿产资源型上市公司概况

代码	证券交易所	股票名称	所属板块	2013 年社会责任报告	企业类型
000807	深圳	云铝股份	有色金属	否	国有企业
000878	深圳	云南铜业	有色金属	否	国有企业
000960	深圳	锡业股份	有色金属	有	国有企业
002428	深圳	云南锗业	有色金属	否	民营企业
600497	上海	驰宏锌锗	有色金属	有	国有企业
600792	上海	云煤能源	石化	有	国有企业
600459	上海	贵研铂业	有色金属	否	国有企业

资料来源　根据巨潮网站数据编制.

1998 年 10 月，云南锡业公司与个旧锡资工业公司、个旧锡都有色金属加工厂、个旧聚源工矿公司、个旧银冠锡工艺美术厂等共同发起设立云南锡业股份有限公司，并于 2000 年 2 月 21 日在深圳证券交易所上市。其经营范围包括有色金属矿产、贵金属及其矿产品等。驰宏锌锗公司是经云南省经济体制改革委员会云体改生复〔2000〕33号文批准，以发起设立方式设立，于2000年7月18日在云南省工商行政管理局注册登记成立，并于2004年4月在上海证券交易所上市，主要经营铅锌锗系列产品的探矿、选矿、采矿、冶炼及产品深加工等。云煤能源由云南马龙化建（集团）总公司于1996年11月独家发起设立，1997年1月在上海证券交易所上市，以煤炭经营、矿产品开采为主要业务内容。

3家样本企业的社会责任信息披露数据是来源于证监会所指定的信息披露网站巨潮网公布的2013年社会责任报告和年报，我们借助表格的形式来进行相关数据分析和检验。

2）云南省矿产资源型上市公司社会责任信息披露形式分析

由表5-8可以看出，云南矿产资源上市公司的社会责任信息披露形式各不相同，各个企业在其年报中均有对社会责任信息的披露，但在编写社会责任报告方面，只有锡业股份、驰宏锌锗、云煤能源编写了独立的社会责任报告，其他4家企业并未编写。独立报告在一定程度上表明该企业真正将社会责任信息置于公司层面的高度，并将其作为企业经营状况的一部分。

表5-8　　云南省矿产资源型企业社会责任信息披露途径分析表

披露方式 公司	社会责任报告	董事会报告	年度财务报告
云铝股份	无	有	有
云南铜业	无	有	有
锡业股份	有	有	有
云南锗业	无	有	有
驰宏锌锗	有	有	有
云煤能源	有	有	有
贵研铂业	无	有	有

资料来源　根据巨潮网站数据编制．

3）云南省矿产资源型上市公司社会责任信息披露分析

由表5-9可以看出,对于职工应承担的社会责任包含千人负伤率、职工劳动合同签约率、职工培训（次数以及投入金额）、职工保险金等，锡业股份、驰宏锌锗、云煤能源 3 家上市公司在 2013 年社会责任报告中对以上几项都有所披露，实际履行状况较好。在对安全事故的重视程度方面，安全事故发生率反映的是企业的职工工作安全是否得到保障及其责任的履行状况。若职工因工作而伤亡的事故发生率超过国家规定，那么该企业就必须暂停生产经营活动，进行整顿。在安全责任状况方面，3 家公司并未对具体安全事故发生次数进行披露，锡业股份和云煤能源披露了 2013 年全年职工千人负伤率，驰宏锌锗在报告中没有披露。3 家公司对于安全事故的发生情况并未披露，对于安全风险因素及应对措施方面简单提及了安全风险的防控，并未作出更多披露。

表 5-9　　　云南省矿产资源型企业员工社会责任信息表

公司	千人负伤率	劳动合同签约率	职工培训	职工保险金（万元）	职工人数（人）
锡业股份	3.43	100%	17 623 次	60 569	16 880
驰宏锌锗	未披露	100%	1 711.30 万元	18 044	未披露
云煤能源	2.12	100%	197 次	461 195	2 517

资料来源　根据巨潮网站数据编制.

由社会责任报告中的职工培训方面可以看出，锡业股份、驰宏锌锗、云煤能源 3 家上市公司对职工的素质提高非常重视，这将有利于企业生产经营效率的提升。另外，驰宏锌锗公司的职工培训经费达到了 1 711.30 万元，表明该公司在职工培训方面的资金投入力度很大，而其他两家企业只是给出职工培训的次数，反映出了该企业对于这方面的重视程度还不够。

从表 5-10 来看，锡业股份、驰宏锌锗、云煤能源 3 家上市公司都通过了 ISO 14001 的认证，从环保投入的金额来看，驰宏锌锗公司投入较大，是锡业股份环保投入的近 3 倍。驰宏锌锗公司在环保项目的高投入，也体现在科研奖项的获取中，中国有色金属工业协会和云南省科技厅分别对 2013 年度评审和审定的科技奖进行公示，公司 4 项成果获奖，其中二等奖 1 项、三等奖 3 项。"锌湿法加压冶金新技术研发及产业化"获云南省技术发明二等奖，"铅锌伴生锗资源清洁高效利用技术的研究与应用"获云南省科技进步三等奖。"铅冶炼伴生稀贵金属回收技术集成的研究与应用"和"转炉处理铜浮渣新技术开发与应用"获中国有色金属工业协会科学技术三等奖。

表 5-10　　　　云南省矿产资源型企业社会责任信息数据表

公司	社会责任机构的设置	环境认证体系	环保投入（万元）	分红金额（元）	公益慈善投入金额（万元）	新增绿化面积（㎡）
锡业股份	无	ISO 14001	3 492	未分配	31.85	16 800
驰宏锌锗	无	ISO 14001	9 068	未分配	2 312	未披露
云煤能源	有	ISO 14001	3 091	未分配	未披露	未披露

资料来源　根据巨潮网站数据编制.

从分红方面来看，2013 年 3 家企业均没有进行现金分红。实施持续稳定的高比例现金分红能够让广大投资者长期稳定分享公司发展收益，同时也体现了公司管理层努力追求业绩增长，给股东带来更大回报的信念和决心。

对于社会责任推进机构的设立，只有云煤能源在社会责任报告中指出并提出了具体的社会责任目标与社会责任观。云煤能源的社会责任观是依托煤焦化科技的专业优势，以科技创新改造传统产业为基础，以人为本、诚信固企、科技兴企，以追求价值最大化、为国家创造财富为己任，主动承担经济、环境、行业、员工、社会责任，把握市场，掌握主动，以效率优先、效益最大，用市场经济的手段解决企业走向市场遇到的问题，促进自身和利益相关方的共同可持续发展。云煤能源的社会责任目标是全面、协调、可持续发展，实现公司、员工、股东、客户各方利益的同步提升。在创造物质文明的同时，创造精神文明、政治文明和生态文明，实现人与自然的完美和谐，成为倡导新生活的先行者和示范者。

云煤能源为了更加有效地履行社会责任，公司成立了社会责任工作领导小组，并明确由公司董事长担任组长。领导小组的职责如下：负责制定公司社会责任工作总体战略和目标；负责公司社会责任工作的组织领导和决策部署；负责组织公司社会责任管理体系的建设；负责审批公司社会责任工作规划，审批发布社会责任报告；负责组织社会责任重点课题研究、社会责任培训，参加社会责任组织等重大社会责任活动等。公司在领导小组下设立社会责任工作办公室，与生产管理部合署办公。社会责任工作办公室的职责如下：负责公司社会责任工作决策部署的具体落实；协调公司社会责任管理体系的建设与实施；组织编制公司社会责任工作规划和计划，提出公司社会责任工作预算和社会责任培训方案；组织公司社会责任重点课题研究；组织编制和发布公司社会责任年度报告；组织公司社会责任对外宣传；负责对公司相关部门社会责任工作提出考核建议等。此外，公司于 2012 年 11 月制定并发布了《推进云南煤业能源股份有限公司社会责任工作实施意见》，明确了公司各专业管理部门社会责任管理职能的分工；完善了社会责任指标统计体系；强化了社会责任工作推进机制建设；加强了社会责任报告编制与发布管理工作，以及社会责任工作的总结、宣传、对外交流和大力开展社会责任全员培训工作等。

企业在努力提高经济效益的同时，主动承担社会责任，将赈灾救危、扶贫帮困、支持贫困地区教育事业、行业发展、社区支持、积极参与地方公益慈善活动。从公益慈善投入金额方面看，驰宏锌锗公司 2013 年全年累计向社会捐赠总额 2 312 万元，锡业股份向社会捐赠总额为 31.85 万元，只有云煤能源在捐赠方面没有披露具体金额。

5.4.3　贵州省矿产资源型上市公司社会责任信息披露分析

1）贵州省矿产资源型上市公司概述

贵州省矿产资源型上市公司只有盘江股份，公司成立于 1999 年 10 月 29 日，由盘江煤电集团作为主发起人，于 2001 年 5 月在上海证券交易所上市，主要经营原煤开采、洗选精煤、特殊加工煤、焦炭的销售、煤炭副产品的深加工等业务。盘江股份在 2013 年没有发布社会责任报告，对于企业的社会责任履行情况只能参照 2013 年财务报告及董事会报告来进行分析。贵州省矿产资源型上市公司概况见表 5-11。

表 5-11　　　　　　**贵州省矿产资源型上市公司概况**

代码	证券交易所	股票名称	所属板块	2013 年社会责任报告	企业类型
600395	上海	盘江股份	煤炭	无	国有企业

资料来源　根据巨潮网站数据编制.

2）贵州省矿产资源型上市公司社会责任信息分析

盘江股份在 2013 年度报告期内，积极履行社会责任，主要表现在投资者权益保护、职工权益保护、消费者权益保护、环境保护、公共关系和社会公益事业等方面。

盘江股份把完善公司治理结构、健全内控制度、严格履行信息披露义务、加强投资者关系管理作为投资者权益保护的重要措施，公平公正对待所有投资者，保证投资者的合法权益。报告期内，共计召开股东会 1 次、董事会 9 次、监事会 4 次，发布各种信息公告 65 个，分配 2012 年度现金红利为 7.45 亿元。

在职工权益保护方面，盘江股份认真执行《劳动法》和《劳动合同法》等法律法规，依法保护员工合法权益，不断提高安全质量标准化水平，保障员工生命安全。公司定期进行职工职业健康检查，确保员工的职业健康；坚持以人为本，帮助职工成长，不断提高职工生产生活水平。报告期内，公司支付给职工以及为职工支付的现金共计 23.26 亿元。

在消费者权益保护方面，盘江股份建立健全了产品质量管理办法、商品煤质量事故追查程序等制度，加强商品煤质量管理和目标客户管理。公司煤质处和运销处定期对商品煤质量完成情况进行分析，切实急客户之所需，严格落实产品质量管理责任制，保证产品质量符合用户要求，坚决做到产品质量不合格不出厂，牢固树立"盘江煤"品牌形象。坚持诚实守信的原则，赢得了客户的信任。报告期内，公司生产精煤 379.02 万吨，生产混煤 401.78 万吨，销售商品煤 770.15

万吨，发电 46 057 万度，电力销量（上网）5 397 万度，实现主营业务收入 537 754 万元。

对于环境保护和治理的工作，盘江股份公司制定了一系列的环境保护制度，包括环境保护管理办法、节能减排管理标准、工作标准、技术标准、考核标准等，并由公司环境保护部负责各厂矿环保的日常管理监督工作。报告期内，公司计提环境治理保证金 1.2 亿元，支付排污费 559 万元，棚户区改造 954 万元，积极推进环境治理、节能技术改造和节能设备投入，不断改进工艺流程，实现节能降耗和污染物的达标排放。二氧化碳等温室气体排放量进一步降低，矿井水、烟尘和二氧化硫达标排放，煤泥、煤矸石等综合利用率进一步提升。公司积极推进环境治理，加大矿区环境整治和改造力度，努力营造整洁、和谐的矿区工作和生活环境；加大节能技术改造和节能设备投入，不断改进工艺流程。公司严格执行节能环保管理的相关规定，积极做好建设项目环境影响评价和监督、管理工作，对建设项目可能带来的能源、资源、环境问题超前预防，达到从源头控制的目的。报告期内，公司严格按照国家环保法律、法规要求进行生产经营，不存在环保方面的违法、违规行为，没有发生环保责任事故，未受到任何形式的环境保护行政处罚。

盘江股份公司不断加强地企交流，共同促进和推动地方经济社会和企业健康发展。报告期内，公司积极履行企业社会责任，在抢险救灾、小矿帮扶和小城镇建设等方面，发挥了积极作用；积极履行纳税人义务，2013 年度共计支付的各项税费为 133 080.32 万元，促进了地方经济社会发展；努力做好灾害救助、扶贫济困等工作，大力开展"节日走访慰问"、"金秋助学"、"扶危济困"等活动，树立公司良好的社会形象。

5.4.4 广西壮族自治区、宁夏回族自治区矿产资源型上市公司社会责任信息披露研究

广西壮族自治区与宁夏回族自治区矿产资源型上市公司各有 1 家，分别是柳钢股份和东方钽业，具体情况见表 5-12。

表 5-12   **广西壮族自治区、宁夏回族自治区**
矿产资源型上市公司一览表

代码	证券交易所	股票名称	所属板块	2013 年社会责任报告	企业类型
601003	上海	柳钢股份	黑色金属	有	国有企业
000962	深圳	东方钽业	有色金属	否	民营企业

资料来源　根据巨潮网站数据编制.

柳钢股份在 2000 年 4 月由 5 家发起人设立，2007 年 2 月在上海证券交易所上市，主营烧结、炼铁、炼钢及其副产品的销售，钢材轧制、加工及其副产品的销售，炼焦及其副产品的销售。东方钽业是以宁夏有色金属冶炼厂作为主发起人，联合中国有色金属工业技术开发交流中心、青铜峡铝厂、中国石油宁夏化工厂、宁夏恒力钢丝绳股份有限公司四家单位以发起方式设立的股份有限公司。1999 年 11 月 22 日发行公众股 6 500 万股（其中向投资基金配售 650 万股）后，公司总股本达到 16 500 万股，其中公众股 5 850 万股于 2000 年 1 月 20 日在深圳证券交易所上市交易。公司主营业务是钽、铌、铍、钛、镁等有色金属材料的生产、加工、开发、科研与销售，进出口业务、贸易、人工晶体、有色金属稀有精细化工产品、碳化硅微粉、电子元器件、电子浆料、电池材料、高强切割线、有色金属新材料的生产、销售等。

2013 年柳钢股份、东方钽业都公布了社会责任报告，以下对两份社会责任报告进行分析。

1）广西壮族自治区与宁夏回族自治区矿产资源型上市公司环境信息分析

柳钢股份从环境管理、节约资源能源、降污减排三个方面对企业社会责任进行了披露。柳钢股份 2004 年通过了 ISO 14001 环境管理体系认证，此后公司不断加强 ISO 14001 环境管理体系认证管理工作，编制了《环境因素识别与控制程序》、《EMS 运行控制程序》、《EMS 绩效监视和测量管理程序》、《环境督查管理办法》等制度。公司积极推进绿色环保产品制造，大力开发具有自主知识产权的环境友好型产品，促进终端产品使用减量。例如，公司先后开发了建筑用四级钢筋等高效节约型新产品。烧结烟气氨法脱硫技术是公司自主研发的高效烟气脱硫技术，在国内处于领先水平，脱硫效率大于 95%，生产的副产品硫酸铵可作为农用化肥，不产生二次污染。公司十分重视与高等院校合作，与南京大学合作开发了焦化废水树脂吸附深度处理技术，解决了焦化废水深度处理技术难题。企业环保投资及环保运行费用约 13.57 亿元，环保投资指数为 0.0226，环境污染事故为零，工业"三废"100%达标排放，连续四年获得柳州市年度环保目标责任制年终综合考评一等奖。

东方钽业社会责任报告全部以文字形式呈现，没有图表及数据统计，可比性不足。2013 年，公司实现了环境污染事故为零、各项污染物能够达标排放的环境保护目标。ISO 14001 环境管理体系通过了华夏认证中心的外部审核。2013 年，公司加强了能源资源管理，科学合理利用水、电、煤、油等各种资源，减少资源浪费，降低生产成本，提高整体经济效益，全年共计节约能源消耗 742.52 万元。2013 年，公司通过加强生产物料的管理、监控和内部挖潜工作以及钽、铌资源增值利用，在总收率逐步提高的基础上，加大内部挖潜节能降耗的力度，全年回收和处理废钽 127.8 吨、废铌 69.58 吨，有效地提高了钽、铌贵重资源的利用率，减少了资源的消耗。

2）广西壮族自治区与宁夏回族自治区矿产资源型上市公司员工责任信息披露分析

2013 年，柳钢股份劳动合同签约率、集体合同（或集体协议）覆盖率、社会保险参保率、工会入会率均为 100%，全年无重特大安全事故，重特大安全事故伤亡为零，具体情况见表 5-13。公司制订了 2013 年职业卫生工作计划，并按计划严格实施落实，加强职业卫生日常监督检查，及时发现并整改隐患问题，从源头防控职业病危害。全年累计开展各类职业病危害检测 1 823 个点次，合格率为 81.28%；开展职业健康体检 13 187 人，职业健康体检率 99.5%；职业病危害项目申报率 100%；尘肺发病率为零，职业性噪声聋发病率 0.07‰。

东方钽业严格遵守《劳动法》与《劳动合同法》等法律法规，与工会签订集体劳动合同，并本着平等自愿、协商一致的原则与员工签订书面劳动合同，合同签订率每年都达到了 100%。公司高度重视员工的健康安全，每年都安排相关岗位的职工进行健康体检和专项体检，做到早发现、早诊断、早治疗。2013 年，公司进一步修订了员工健康体检管理办法，并完善了健康监护档案，为保障职工的身心健康发挥了积极作用。

表 5-13   **柳钢股份员工社会绩效表**

项目名称　　　　　　　　时间	2011 年	2012 年	2013 年
劳动合同签订率（%）	100	100	100
社保覆盖率（%）	100	100	100
参加工会的员工比率（%）	100	100	100
女性管理者人数（人）	327	307	315
残疾人雇佣率或雇佣人数（人）	77	77	77
体检及健康档案覆盖率（%）	100	100	100
接受培训员工人数占员工总数比率（%）	100	100	100
企业对员工培训的资金（万元）	244.1	278.3	313.8
人均培训费用（元/人）	256.86	284.41	314.84

资料来源　根据 2013 年柳钢社会责任报告编制.

5.5　少数民族地区矿产资源型企业社会责任信息披露概况分析

5.5.1　少数民族地区矿产资源型上市企业概述

本书所涉及的少数民族地区共有 18 家矿产资源型上市企业，内蒙古自治区 8 家、云南省 7 家、贵州省 1 家、宁夏回族自治区和广西壮族自治区各 1 家。这些矿产资源型上市企业涉及煤炭、有色金属、黑色金属、天然气、稀土以及新型能源等多个领域。

5.5.2　深圳证券交易所上市的少数民族地区社会责任样本企业

在深圳证券交易所上市的少数民族地区矿产资源型上市企业一共有

8 家，详细情况见表 5-14。所谓社会责任样本企业，就是指对外公开的数据信息没有造假、对环境造成的破坏和污染最少、对经济发展的推动作用最大，并且有较好发展前景的企业。深圳证券交易所社会责任发展指数代码是 399341，样本企业共 100 家，设置发展指数的初衷是鼓励和推进上市公司履行社会责任，指引投资者投资于履行社会责任出色的企业，使社会责任投资在我国健康发展。少数民族地区矿产资源型企业只有露天煤业被纳入 2014 年深证社会责任指数的样本企业中，包钢稀土是 2009 年上证社会责任指数的样本企业，但是在 2011 年 6 月被调出。

表 5-14　　　　深圳证券交易所上市的少数民族
地区矿产资源型企业一览表

名称	股票代码	所属地区
露天煤业	002128	内蒙古
平庄能源	000780	内蒙古
兴业矿业	000426	内蒙古
云铝股份	000807	云南
云南铜业	000878	云南
锡业股份	000960	云南
云南锗业	002428	云南
东方钽业	000962	宁夏

资料来源　根据巨潮网站数据编制.

5.5.3　上海证券交易所上市的少数民族地区社会责任样本企业

在上海证券交易所上市的少数民族地区矿产资源型上市企业一共有 10 家，其中 9 家为 A 股上市企业、1 家为 B 股上市企业，详细情况见表 5-15。上证社会责任指数代码为 000048。

表 5-15   **上海证券交易所上市的少数民族地区**

矿产资源型企业一览表

股票类别	公司名称	所属地区	股票代码
A 股	柳钢股份	广西	601003
	包钢稀土	内蒙古	600111
	赤峰黄金	内蒙古	600988
	包钢股份	内蒙古	600010
	亿利能源	内蒙古	600277
	盘江股份	贵州	600395
	驰宏锌锗	云南	600497
	云煤能源	云南	600792
	贵研铂业	云南	600459
B 股	伊泰集团	内蒙古	900948

资料来源   根据巨潮网站数据编制.

上证社会责任指数的选样方法是，首先在样本空间（243只样本股）中剔除日均成交金额排名沪市后20%的样本，然后对剩下的样本估算其每股社会贡献值，并进行排名。选取排名靠前的100只样本作为上证社会责任指数的样本股。[①]少数民族矿产资源型企业没有入选上证社会责任指数。

5.5.4 少数民族地区矿产资源型上市公司披露社会责任信息情况分析

根据表5-16可知，少数民族地区18家矿产资源型上市公司中，2013年披露社会责任报告的有9家，占全部少数民族地区矿产资源型上市企业的50%。这9家企业全部是国有企业，没有民营企业。所以，在社会责任报告披露方面，国有企业的社会责任履行积极性要比民营企业高出很多。

---

① 张一清.上证社会责任指数：可持续发展投资[N].经济观察报,2010-04-30.

表 5-16　　　　　　少数民族地区矿产资源型上市公司
社会责任报告披露概况

代码	交易所	股票名称	所属板块	所属省份	社会责任报告	企业类型
000960	深圳证券交易所	锡业股份	有色金属	云南	有	国有企业
600497	上海证券交易所	驰宏锌锗	有色金属	云南	有	国有企业
601003	上海证券交易所	柳钢股份	黑色金属	广西	有	国有企业
600792	上海证券交易所	云煤能源	煤炭	云南	有	国有企业
600111	上海证券交易所	包钢稀土	有色金属	内蒙古	有	国有企业
002128	深圳证券交易所	露天煤业	煤炭	内蒙古	有	国有企业
000780	深圳证券交易所	平庄能源	煤炭	内蒙古	有	国有企业
000962	深圳证券交易所	东方钽业	有色金属	宁夏	有	国有企业
900948	深圳证券交易所	伊泰B股	煤炭	内蒙古	有	国有企业

资料来源　根据巨潮网站数据编制.

5.5.5　少数民族地区矿产资源型上市公司社会责任信息披露内容分析

表 5-17 列明了少数民族地区矿产资源型上市公司的信息披露情况，我们从中可以了解各个公司的社会责任信息披露的大致情况。

1）社会责任报告公布状况分析

从表 5-17 可以看出，锡业股份、驰宏锌锗、东方钽业、柳钢股份、云煤能源、包钢稀土、露天煤业、平庄能源、伊泰B股发布了独立的社会责任报告。

需要指出的是，这 9 家企业的独立报告都是社会责任报告，而非可持续发展报告。

表 5-17   **少数民族地区矿产资源型**

上市公司社会责任报告总体分析

代码	股票名称	社会责任报告	初始披露时间	编制标准	长度	评价方法	是否有第三方审计
000960	锡业股份	社会责任报告	2008 年	《关于中央企业履行社会责任的指导意见》	35 页	描述	无
600497	驰宏锌锗	社会责任报告	2008 年	上海证券交易所《〈公司履行社会责任的报告〉编制指引》	11 页	数据、描述	无
000962	东方钽业	社会责任报告	无	《深圳证券交易所上市公司社会责任指引》	19 页	描述	无
601003	柳钢股份	社会责任报告	无	《中国企业社会责任报告编写指南》、《可持续发展报告指南》等	36 页	数据、描述	无
600792	云煤能源	社会责任报告	2012 年	全球报告倡议组织的《可持续发展报告指南》（2006 版）	47 页	描述	无
600111	包钢稀土	社会责任报告	2008 年	无	28 页	描述	无
002128	露天煤业	社会责任报告	无	《深圳证券交易所中小企业板上市公司规范运作指引》	21 页	描述	无
000780	平庄能源	社会责任报告	2011 年	《深圳证券交易所上市公司社会责任指引》、《中国企业社会责任报告编写指南》	27 页	描述	无
900948	伊泰 B 股	社会责任报告	无	《〈公司履行社会责任的报告〉编制指引》、《可持续发展报告指南》	12 页	描述	无

资料来源　根据巨潮网站数据编制.

2）社会责任报告编制基础分析

社会责任报告编制的基础为上海证券交易所《〈公司履行社会责任

的报告〉编制指引》、《中国企业社会责任报告编写指南》、《可持续发展报告指南》、《深圳证券交易所上市公司社会责任指引》、《深圳证券交易所中小企业板上市公司规范运作指引》、《关于中央企业履行社会责任的指导意见》。只有包钢稀土在社会责任报告中没有给出编报基础。

3）社会责任报告表述方法分析

矿产资源型上市公司露天煤业、东方钽业、平庄能源、包钢稀土、锡业股份、驰宏锌锗、伊泰 B 股采取的方式都是描述方法，云煤能源、柳钢股份在报告中量化数据较多。

4）社会责任报告第三方审计分析

社会责任报告都没有经过第三方审计验证，致使这些企业的负面信息披露都很少，所披露信息的真实性也难以保证，这也是当前矿产资源型企业共同存在的问题。企业为了不让自己在社会上有负面的影响，有可能刻意隐瞒负面信息。

5）社会责任报告总体分析

社会责任报告的内容与先后顺序大体按照企业整体经济概述、股东、员工、环境、社区、供应商、客户来进行披露，披露内容的详细程度各不相同。其中，柳钢股份所提披露的社会责任报告最全面，数据充分、图表清晰，其可比性、关联性较强。

5.5.6　少数民族地区矿产资源型上市公司社会责任信息披露量化分析

1）少数民族地区矿产资源型上市公司对政府应履行的责任分析

在上交税款方面，少数民族地区矿产资源型上市公司都能够及时地依法纳税，这是企业持续运行的基础和基本保障。

2）少数民族地区矿产资源型上市公司对员工应履行的责任分析

矿产资源型企业主要从事开采工作，员工安全是确保采矿企业经营安全的重点。通过对企业社会责任报告的分析，我们发现 9 家公司在员工安全方面工作措施很到位，在生活保障、员工成长、安全健康等方面都有披露。

在柳钢股份披露的社会责任报告中，分别从员工人数、劳动合同签订率、社会保险覆盖率、参加工会的员工比例、女性管理者比例、体检及健康档案覆盖率、企业对员工培训的资金投入、员工流失率、安全培训人数、安全生产投入、员工伤亡人数的具体数据来体现 2013 年企业对员工责任的履行情况。并且，其所披露的信息不是简单的文字描述，并且给出了 2011—2013 年的数据，使信息具有可比性，便于利益相关者了解。

3）少数民族地区矿产资源型上市公司对环境应履行的责任分析

环境问题是矿产资源型企业应重点关注的问题。矿产资源型企业的生产经营会直接对环境造成破坏，9 家企业所披露的在环境方面应履行的责任包括环境认证、资源消耗、污染防控、新资源开发等。其中，新资源开发是近年来矿产资源型企业着重发展的一条新路线，这些企业都很注重新资源开发工作。值得一提的是，露天煤业把新资源开发当做未来一百年的首要任务，注重新资源开发工作的同时又不抛弃传统的开采，结合科学理论达到"把有限资源最大限度开发的同时要做到对环境的直接影响降到最低"。

进一步分析得知，通过 ISO 14001 环境管理体系认证的企业有 6 家，分别是锡业股份、驰宏锌锗、伊泰 B 股、柳钢股份、云煤能源、东方钽业。科技创新是企业发展的持续动力，针对污染进行的技术攻关是每个企业都无法回避的课题。其中，柳钢股份解决了焦化废水深度处理技术难题；包钢稀土在 2013 年进行技术攻关，达到华美公司产生的废水"零排放"；驰宏锌锗在"锌湿法加压冶金新技术研发及产业化"、"铅锌伴生锗资源清洁高效利用技术的研究与应用"、"铅冶炼伴生稀贵金属回收技术集成的研究与应用"和"转炉处理铜浮渣新技术开发与应用"项目上获得技术创新奖项。

4）少数民族地区矿产资源型上市公司对社区应履行的责任分析

作为大型企业参与社会公益活动的重要形式，9 家企业都公布了自己的社会捐助信息。在社区关系当中，每个企业披露的内容不尽相同，如志愿者活动、支援新农村活动等，但是从社会责任报告所披露的内容来看，企业对社区的责任重视不足，披露的篇幅相对较少，其中只有包钢稀土把促进民族团结进步、创造和谐企业作为社区活动的目标。

5）少数民族地区矿产资源型上市公司对股东应履行的责任分析

9 家企业对于股东应履行的责任都有所披露，其中每股收益、分红、股东大会、与股东的沟通是报告中提及的重点。

2008 年 8 月，证监会发布《关于修改上市公司现金分红若干规定的决定（征求意见稿）》，要求上市公司发行新股必须符合"最近 3 年以现金或股票方式累计分红不少于最近 3 年年均可分配利润的 30%"。这一文件出台以后，上市公司分红比率大幅提高。由于矿产资源型企业 2013 年经营状况有所下滑，9 家企业中只有 4 家进行了分红配股（见表 5-18），其中伊泰 B 股对股东的分红最多（10 股分红 3.2 元），平庄能源对股东的分红最少（10 股分红 0.15 元）。

表 5-18　2013 年度少数民族地区矿产资源型上市公司分红情况

代码	股票名称	所属板块	所属省份	2013 年分红情况	具体金额
000960	锡业股份	有色金属	云南	否	无
600497	驰宏锌锗	有色金属	云南	否	无
601003	柳钢股份	黑色金属	广西	否	无
600792	云煤能源	煤炭	云南	否	无
600111	包钢稀土	有色金属	内蒙古	有	10 股派 2 元
002128	露天煤业	煤炭	内蒙古	有	10 股派 1 元
000780	平庄能源	煤炭	内蒙古	有	10 股派 0.15 元
000962	东方钽业	有色金属	宁夏	否	无
900948	伊泰 B 股	煤炭	内蒙古	有	10 股派 3.2 元

资料来源　根据巨潮网站数据编制．

6）少数民族地区矿产资源型上市公司对债权人应履行的责任分析

通过对少数民族地区矿产资源型企业社会责任报告分析，我们发现在 2013 年度社会责任报告中涉及债权人的企业只有驰宏锌锗、露天煤业以及伊泰 B 股。驰宏锌锗只是在公司基本信息中披露了全年贷款利息，并没有对债权人进行全面披露。伊泰 B 股也是在社会责任报告最后部分披露了支付的全年贷款利息数额，其债权人信息没有披露。露天煤业只是披露了贷款银行信息，对于贷款总额和利息没有披露。

7）少数民族地区矿产资源型上市公司对供应商应履行的责任分析

供应商是企业的重要合作伙伴，没有外部合作伙伴的帮助，就没有企业的发展。9家矿产资源型企业对供应商履行的责任均有所表述，具体内容有供应商评级管理、供应商沟通制度、供应链管理、招标管理、采购管理、诚信理念的树立等。

8）少数民族地区矿产资源型上市公司对客户应履行的责任分析

客户是企业经济利益的重要保障。通过对社会责任报告的分析，少数民族地区9家上市公司对客户责任履行的内容披露大体分为两个方面：一是客户服务与管理；二是产品质量管理。客户服务与管理包括客户关系管理制度、产品售后服务、积极应对客户投诉、客户信息保护、客户满意度调查。产品质量管理包括产品质量认证、产品质量管理、产品科技创新等。取得ISO 9001质量管理体系认证的企业有柳钢股份、露天煤业、云煤能源、锡业股份和驰宏锌锗。

5.6 少数民族地区矿产资源型上市公司社会责任信息披露存在的问题

少数民族地区矿产资源类上市公司社会责任信息披露虽然有了长足的发展，取得了瞩目的成就，但我们还必须清醒地看到，披露进程中所存在的问题依然不少。

5.6.1 社会责任信息披露意识薄弱

少数民族地区矿产资源型上市公司缺乏社会责任意识，只有50%左右的上市公司自愿披露社会责任信息，编制社会责任报告。很多上市公司在编制企业报告时并不涉及社会责任报告，而只注重于披露反映公司盈利状况的财务报告。当今社会，人们普遍关注的是企业所披露的社会责任报告，而不仅仅是传统的会计报表。其实，很多上市公司已经详细披露了我国法律法规所规定的关于社会责任报告中的那些强制性指标信息，但是对于非强制性指标信息，大多数企业尚未自愿披露。

5.6.2 非货币计量形式处于主导地位

西方发达国家对上市公司是否履行社会责任比较重视，如法国在 20 世纪 70 年代左右就规定上市公司每年需定期将资产负债表向社会公布。少数民族地区矿产资源型上市公司对社会责任会计信息披露缺乏合适的标准和根据，在向社会公众介绍自身发展受到社会责任因素的影响时大多都只是采用文字性描述，很少使用数据来说明。这样必将导致信息使用者也就是企业利益相关者无法判定这些信息的真伪，降低了所披露信息的说服力。

5.6.3 社会责任信息缺乏相关指标体系支撑

当前，少数民族地区矿产资源类上市公司还没有做到设立一个独立的社会责任会计并设置相应科目。因为对于这些社会责任项目，相关法规并没有作出明确的规定，社会责任科目无法体现在会计核算中，故通常都是在某一个传统的会计科目内加入这些项目。例如，在公司管理费用中加入向环保部门缴纳的排污费，在营业外收入中加入承担社会责任而获得的政府补助和收益，在营业外支出中加入对外捐赠额等。虽然这种方法督促上市公司承担社会责任，但基本上没有在会计报告中反映社会责任会计信息。

社会责任会计走向成熟的一个重要特征是企业编制独立社会责任报告，全面披露社会责任会计信息。然而，信息使用者无法从企业发布的社会责任报告中获取相关信息，因为目前少数民族地区矿产资源类上市公司用常规的会计业务来处理与社会责任有关的业务，无法将社会责任信息体现在财务报告当中。

5.6.4 社会责任信息披露法律法规体系不健全

与社会责任会计已经发展到成熟稳定阶段的西方发达国家相比，我国对社会责任会计的研究与应用尚处于探索阶段，尚未形成能够对上市公司起约束作用的法律法规体系。因为缺乏法律法规的强制力，大多数上市公司的高级管理人员只追求企业短期利益，而对企业社会责任不管不顾。正因为如此，才导致少数民族地区矿产资源类上市公司披露无效的社会责任报告，这不仅增加了企业的运营成本，而且还远远不能满足信息使用者也就是企业利益相关方对社会责任信息的需求。

5.6.5　社会责任信息披露内容不全面

从总体上看，9 家上市公司社会责任信息披露情况还是不错的，但是格式五花八门，长度不一，内容差别较大。这些社会责任报告存在明显的不足之处，比如只将经济责任作为重点、不完全披露企业社会责任清单的内容等，因此需要进一步提升信息披露质量。另外，由于这些社会责任报告都没有经过第三方审验，所以企业所披露内容的真实性和全面性有待验证。

5.7　完善少数民族地区矿产资源型企业社会责任信息披露的建议

5.7.1　强化上市公司社会责任信息披露意识

对于上市公司而言，只有认识到社会责任信息披露的重要性和必要性才能促进自身不断发展。可以说，社会责任信息披露是企业走向成熟的内在动力。另外，随着政府、企业的管理者、社区对企业社会责任认识的不断提高，也会让企业充分认识到社会责任信息披露的重要性，从而自愿披露社会责任信息。

上市公司应该提高自身综合素质，树立正确的观念和态度，把披露社会责任信息变成自觉行为。当前，企业之间的竞争不再仅仅停留在产品本身和价格上，企业品牌、社会形象因素越来越受重视。企业要提高社会责任意识，建立良好的社会形象，增强社会竞争力，促进可持续发展。

5.7.2 在传统会计报表中融入社会责任内涵，优化信息披露模式

我们可以将社会责任的内容添加到现有会计报表的新增栏目中，并且将定性信息披露在报表附注中，这样就能有效避免文字叙述的主观性以及失真性。如果社会责任项目可以采用货币来计量，那么就可以将相关项目增设于传统的会计报表中，对社会责任内容进行反映。可以将环境保护、安全生产和其他资产项目列在资产负债表中，将经济收入、薪酬福利、环境保护费用等社会责任收入和支出披露在利润表中，也可以增设公益捐赠支出、环境治污费、环境绿化保护费等科目。如果某些信息是无法量化的，仍可沿用文字叙述的方式附加在会计报表中。

5.7.3 构建完善的社会责任会计体系，实施独立报告制度

企业能够完成会计核算的前提和基础是要有一个健全的会计制度。只有加快我国社会责任会计体系的建设，才能给各上市公司提供统一的准则。独立的社会责任报告数据结构合理、特色鲜明、易于调整，且披露内容完全公开，相对于其他的披露形式更具有优势。它可以直接反映社会责任资产、负债、权益的分布，能够描述社会责任的财务状况，能让利益相关者全面、系统地获得有用信息。所以，政府组织在制定相应政策时，可以借鉴国际先进经验，结合我国基本情况，建立一个能够反映企业社会责任可持续发展的独立报告制度。

5.7.4 建立健全社会责任信息披露的法律法规体系

社会责任观念在 20 世纪 80 年代就已经传入我国，但是我国相关法律法规尚未构建。目前，新《公司法》已经出台并实施，也提出企业应该承担社会责任。政府机构可以组织对不同地区、不同行业的企业社会责任情况进行调研，据此确立社会责任信息披露制度，详细规定项目如何实施、披露方式和详细程度等。与此同时，政府和相关证券监管机构应强化监督管理工作，做到激励与处罚并重。

5.7.5　强化制度效力，完善信息披露内容

短期来看，企业在承担社会责任、披露社会责任报告时发生的支出远远高于企业可获得的利益，如果没有相关的法律、法规和其他强制性要求，一般企业会拒绝披露相关信息。因此，根据我国当前的基本国情，结合强制性与自愿性的披露模式是巩固和提高全面建成小康社会的理智选择。为了提高披露信息的准确性，确保这些信息真实可用，企业必须引入第三方认证。我国目前还没有出台针对企业社会责任的审计准则，大部分企业披露的信息没有经过专业的认证，大大降低了这些信息的真实性与可靠性，所以强化制度效力是实现社会责任制度健康发展的有力保证。通过法律手段促使企业履行社会责任、披露社会责任信息、完善社会责任报告可以让公司披露的社会责任会计信息有章可循、有据可依。

我国企业社会责任经历一个从无到有的过程，虽然这个阶段发展迅速，但是在理论方面的研究和实践方面的应用仍然不够成熟。对于少数民族地区矿产资源类上市公司而言，社会责任意味着机遇和挑战。从时代的发展趋势来看，随着市场经济的发展，公共管理和社会化改革不断推进，政府、社会和企业间的联系越来越紧密,企业在社会关系中所扮演的角色日益多元化,因此企业履行社会责任将成为一股必然的潮流趋势。与此同时,我们也应该注意企业社会责任在操作中出现的误差,以保证在社会责任的引导下企业能够良性运转，从而促进企业与整个社会经济的持续发展。

第6章　少数民族地区矿产资源型企业
社会责任评价分析

6.1　企业社会责任评价的种类

企业社会责任评价是伴随着企业社会责任运动（劳工运动、消费者运动、环境保护运动）及可持续发展运动的兴起而产生的。企业社会责任评价体系的标准有很多种，根据评价主体的不同分为评级机构模式、交易所评级模式、政府评价模式、企业绩效评价模式。具体如下：

6.1.1　评级机构模式

社会责任的履行会提升企业的影响力、竞争力，也会提升企业的管理能力。企业作为市场"经济人"需要承担社会责任，积极主动地进行社会责任报告披露，让公众了解社会责任实施状况。由于监督和评价的需求，需要通过中立的评级机构进行企业履行社会责任的评价。具体机构国外如美国的标准普尔、欧洲的 Deminor，国内如中国的《南方周末》"创富榜"、"金蜜蜂企业社会责任·中国榜"以及"中国 100 强 CSR 发展指数"等。在少数民族地区矿产资源型上市企业中，对于评级机构做出的评级，具有代表性的是中科院每年发布的"中国 100 强

CSR 发展指数"。在 2011—2013 蓝皮书中，少数民族地区的上市公司只有神华集团与内蒙古伊利集团、内蒙古伊泰集团、新疆广汇上榜，神华集团属于中央企业、煤炭开采业，内蒙古伊利集团、内蒙古伊泰集团、新疆广汇属于民营企业。

6.1.2　交易所评级模式

证券交易所评级在发达国家是资本市场的一种主流投资取向，未来这种倾向还会日渐加强。交易所评级也称为社会责任投资（Socially Responsible Investing，SRI）。社会责任投资是一种特别的投资理念，即在选择投资企业时不仅关注其财务、业绩方面的表现，同时关注企业社会责任的履行，在传统的选股模式上增加对企业环境保护、社会道德以及公共利益等方面的考量，是一种更全面的考察企业的投资方式。社会责任投资者同时还可以用其企业股东的身份，通过积极的股东行动，促使企业良好社会责任的履行[①]。

6.1.3　政府评价模式

在新《公司法》颁布实施以后，国家有关部门、行业协会以及一些地方政府，开始探索制定自己的企业社会责任标准。其中地方政府主要有上海浦东新区、烟台经济技术开发区、威海经济技术开发区、江苏无锡新区、浙江义乌市、广东深圳市等，行业协会主要有中国纺织工业协会、中国可持续发展工商理事会、中国工业经济联合会及 11 家工业行业协会、山东省企业信用与社会责任协会等。这些企业社会责任标准，无论是地方标准，还是协会标准，内容都有所不同，甚至差异较大，但都是一种可贵和有益的探索[②]。少数民族地区至今没有指定本区域企业社会责任报告与评价标准。

6.1.4　企业绩效评价模式

企业社会责任绩效评价是企业在其承担社会责任的过程中，不断完

---

① http://baike.haosou.com/doc/7539499.html.
② 《中国企业发展报告 2006—2013》编写组 . 中国企业发展报告 2006—2013 ［M］. 北京：企业管理出版社，2014.

善、不断提升自身能力的实际管理手段。其主要路径包括社会责任评价的目的、对象、内容以及发现问题后所采取的解决问题的方法等。对于这项工作，要持续跟进、不断改进，这是一项长期性的基础工作。

6.2 企业社会责任评价的方式：以交易所为例

交易所评级的目的是引导投资者投资于社会责任履行较好的企业，推动它的发展。投资人在选择投资企业时，不但要关注其利润指标，还要注重对社会责任的投入，考察企业在环境、社会及公司治理方面的表现。从投资者角度来看，也称为社会责任投资。

6.2.1 交易所评价企业社会责任的现状

企业社会责任投资于 20 世纪 60 年代末期逐渐兴起。美国多米尼社会投资公司创始人兼 CEO 艾米·多米尼女士，于 1990 年 5 月提出了多米尼 400 社会指数，为社会责任型投资者提供了一个比较基准，据此可进一步了解社会责任性评选准则对财务绩效的影响。与西方国家相比，我国的社会责任投资理念晚了二三十年，尚处在起步阶段。这和中国的经济和社会发展水平，尤其是资本市场和公民社会的发展水平密切相关。近年来，社会责任投资理念在中国的传播和发展对资本市场产生了一定的触动，助推了中国社会责任投资的成长。其中来自证券交易部门和国家环境保护部的政策因素极大地推动了中国社会责任投资的发展。

2007 年，中国证监会作出了向环保企业倾斜的鼓励性政策。2008 年，原国家环保总局发布"绿色证券"政策（见环境保护部颁发的《关于加强上市公司环保监管工作的通知》），要求"双高"企业今后在申请首发上市或再融资时，必须进行环保核查，促使投资者关注股票背后的环境风险和成本，客观上为社会责任投资的发展奠定了基础。

6.2.2 社会责任主题指数一览

2006 年 9 月深圳证券交易所发布了《上市公司社会责任指引》，引导上市公司公布社会责任报告，并指引其履行社会责任。2006 年度共有 21 家在深圳证券交易所上市的公司发布了社会责任报告。随后，沪深两市先后推出多只社会责任主题指数。具体如下：

1）上证社会责任指数

在交易所评级模式中，上证社会责任指数（指数代码 000048）是我国社会责任投资指数中比较有代表性的指数。它是以上海证券交易所的上市企业为基础，把履行社会责任积极、全面且结果良好的公司股票作为样本股编制而成的指数。上证社会责任指数推出的主要目的是激励和推进上市公司履行社会责任，而且要为投资者提供新的投资方向，通过股东来促进社会责任投资的发展。指数以 2009 年 6 月 30 日为基日，以 30 日上海证券交易所所有股票市值为基期，基点为 1 000 点，每年五六月份会进行重新评选，每次样本调整比例一般不超过 10%，成分股一共 100 只。在 2015 年 1 月 1 日的成分股中，没有少数民族矿产资源型股份公司。

2）深证中小企业社会责任指数

2012 年 8 月，深交所和深圳证券信息有限公司宣布发布中小板企业社会责任指数（简称"中小责任指数"，代码"399651"）。该指数也以 2009 年 6 月 30 日为基日，以 1 000 点为基点。中小企业社会责任指数是考察公司对国家、员工、股东与债权人等做出的贡献之和占公司净资产的比重，选取 50 家公司编制而成的，指数均对个股设置了 10% 的权重上限，以避免个股权重过大。中小责任指数的颁布，目的是引导投资者关注中小板上市公司的良性运作，促进中小板企业积极履行社会责任，加强社会责任管理的有序发展，丰富中小板主题指数投资标的，满足中小板市场旺盛的需求。少数民族地区资源型企业只有露天煤业入选2015 深证中小责任指数。

3）深证社会责任指数

深证责任指数包括深证社会责任指数（价格），代码 399341，简称深责任 P；深证社会责任指数（收益），简称深证责任，代码 399340。深证社会责任指数中的样本企业有 100 家，每年 12 月会进行重新选取，把一年内履行社会责任低下的企业排除掉，再选取好的企业进入样本企业。少数民族地区矿产资源型企业只有内蒙古霍林河露天煤业，包钢稀土是 2009 年深证社会责任指数的样本企业，但是在 2011 年 6 月被调出。

4）中证内地低碳经济主题指数

中证内地低碳经济主题指数是为了反映在中国大陆上市的低碳经济类公司股票的整体走势，从沪深 A 股中挑选日均总市值较高的 50 只低碳经济主题公司股票组成样本股，基日为 2010 年 6 月 30 日，基点为 1000 点而编制成的指数。在 2015 年 1 月 1 日的成分股中，没有少数民族矿产资源型股份公司。

5）中国低碳指数

中国低碳指数是为反映中国低碳经济领域境内外上市公司的整体表现，在 2006 年 12 月 31 日从境内外上市的中国公司中选出在低碳经济领域具有代表性的 40 家公司股票组成样本股而编制成的指数。在 2015 年 1 月 1 日的成分股中，没有少数民族矿产资源型股份公司。

6）中证环保产业指数

中证环保产业指数是根据联合国环境与经济综合核算体系对环保产业的界定方法，在 2011 年 12 月 31 日将符合资源管理、清洁技术和产品、污染管理条件的公司纳入环保产业主题，采用等权重加权方式，选取 100 家上市公司，反映上海和深圳市场环保产业公司表现的指数。在 2015 年 1 月 1 日的成分股中，没有少数民族矿产资源型股份公司。

7）深证泰达环保指数

2007 年 12 月 12 日，深圳证券交易所与天津泰达股份有限公司一起推出了泰达环保指数，代码 399358。这是我国第一只资本市场的社会责任指数。深证泰达环保指数的样本企业选取的程序为，首先从 A 股市场与环保相关的 10 个行业中采用自荐和推荐相结合的办法初选 100 家为环保做出相对较大贡献的上市公司，再根据巨潮公司治理评级指标，选出公司治理相对完善、评分在 65 分以上的公司 70 家，然后结合上市公司公开披露的信息进行公示 10 天，最后根据巨潮指数编制方法选出 40 家上市公司编制成泰达环保指数①。在 2015 年 1 月 1 日的成分股中，没有少数民族矿产资源型股份公司。

8）CBN-兴业全球基金社会责任指数

CBN-兴业全球基金社会责任指数简称为 CBN-兴业社会责任指数，在 2009 年 12 月 4 日正式诞生。该指数与先前发布的上证、深证企业社会责任指数不同，是我国第一只在沪深两市选取样本企业来反映社会责任履行较好的公司股票价格升降趋势的指数。该指数的编制方法是以经济指标为基本选股框架，同时将企业履行社会责任作为考量因素来选取样本股，长期发掘企业投资价值，成分股 100 只，在每年的 7 月进行成分股调整。

9）央视责任指数

央视 50 分维度领先指数系列（代码 399555）是央视 50 指数体系的重要组成部分，它秉承了央视 50 指数的编制理念，包括"创新、成长、回报、公司治理、社会责任"5 个被国际市场广泛认同的投资维度。央视责任指数以企业利益相关者为基础，把社会责任划分为经济责任、环境责任、员工责任、社区责任和消费者责任 5 个大类，并以其为主要评价指标，选取排名靠前的 50 家公司作为样本，为定义责任类型的上市公司群体建立了有效的市场标尺，也为相关主题投资和指数化投资提供了新的工具。

6.3 企业社会责任认证体系

目前，中国还未出台统一的社会责任标准或指南，也没有针对企业实施社会责任的第三方审验强制性要求。目前，有两种企业社会责任审验，一种是社会责任认证，一种是社会责任报告的第三方检验。社会责任认证对企业的影响是一把双刃剑，一方面，推动了企业改善其社会责任实践尤其是改善劳动工作条件和环境，促进企业学习先进的管理方法，帮助企业提升管理水平；另一方面，增加了企业的生产成本。

---

① http://www.p5w.net.

6.3.1 SA 8000 标准

SA 8000 是 Social Accountability 8000 的英文简称，是社会责任领域最早的可审计的认证标准之一，涵盖所有产业类别。它立足于国际劳工组织（ILO）、联合国（UN）以及国家层面的法律及协议，是遍及不同行业和企业的行为准则，创造了用以衡量社会责任的一套共同语言。SA 8000 采用管理体系的方法，制定了企业务必采纳的组织结构和工作程序，以确保标准的符合能得到持续的检验。SA 8000 认证的主要内容包括：童工、强迫性劳动、健康与安全、组织工会的自由与集体谈判的权利、歧视、惩戒性措施、工作时间、工资以及管理体系等。截至2013 年年底，获得 SA 8000 认证的中国企业共有 556 家，占全球认证企业总数的 17%。

6.3.2 全球报告倡议

全球报告倡议（GRI）在 1997 年创立，2002 年与 2006 年分别进行了修订，修订后的《可持续发展报告指南》（第三版）主要包括经济、环境和社会等方面，并对所涉及的指标进行了全面的描述，指南的实用性和操作性较强，受到了全球范围内广泛的认可。在少数民族地区矿产资源型企业中，根据《可持续发展报告指南》编制社会责任报告的企业有柳钢股份与伊泰股份。

6.3.3 国际社会责任认证

国际社会责任认证组织（WRAP）是一个独立的、客观的、非营利的全球社会责任专家组织，致力于在全球推广安全化、合法化、人性化和道德化的生产，总部位于美国首都华盛顿附近的阿灵顿市。WRAP 是 Worldwide Responsible Apparel Production 的缩写，中文译为"负责任的全球成衣制造"。我国很多出口到美国的服装，企业都会做WRAP 验厂。WRAP 认证项目依据工厂对其 12 项原则的不同符合程度颁发 3 种级别的证书，有效期分别从 6 个月到 2 年不等。12 项原则包括：（1）服装制造商从事经营的任何场所都符合法律、法规的要求；

（2）服装制造商不得雇用任何强迫性或非志愿劳工，无论其是奴工、契约劳工还是其他劳工；（3）服装制造商不得雇用任何 14 岁以下、学校义务教育规定的年限以下或法律规定的最低年限以下的工人；（4）服装制造商应确保员工在工作场所不受骚扰、辱骂及任何形式的体罚；（5）服装制造商应支付不低于当地法律规定的最低工资，包括所有福利工资、补贴及津贴；（6）除非有紧急业务需要，服装生产商应保证每七天周期中至少一天休息；（7）服装制造商对员工的雇佣、付薪、提拔和解雇行为都将依据员工的工作能力进行，而非依据个人特性或信仰；（8）服装制造商应提供安全和有益于健康的工作场所；（9）服装制造商应承认并尊重员工行使法律所赋予的自由结社的权利；（10）服装制造商应遵守同其运作相关的环境保护法律、法规及标准，并在其所有运作的地方以良好的环保意识运作；（11）服装制造商应遵守相关的海关法律；（12）服装制造商应配合当地、国家和外国的海关及药品管制局，抵制药品的非法运输。截至 2014 年 5 月 10 日，获得 WRAP 认证的中国工厂有 553 家，约占全球认证企业总数的 38%。

6.3.4　ISO 26000 标准

ISO 26000 标准不仅适用于企业，还可以推广应用到其他任何形式的企业与组织中。2010 年 11 月，国际标准化组织发布了 ISO 26000 社会责任指南标准，对社会责任的术语进行了重新定义，这也是影响该指南最为核心的、最不容易理解的部分。在 ISO 26000 标准的语境中，首先，社会责任是指一种意愿（Willingness），强调组织愿意就其决策和活动对社会和环境的影响承担责任；其次，社会责任是指组织行为的性质，通过透明与合乎道德的行为表明对社会负责任，即行为不但要以遵守法律为底线，而且与国际行为规范相一致，且必须要超越法律义务，最大限度地贡献于可持续发展；最后，社会责任是指组织的运作模式，即通过什么样的运作模式确保组织行为对社会负责任，包括要以促进可持续发展为目的，以遵守适用法律和国际行为规范及考虑利益相关方的期望为原则，以覆盖组织全部决策和活动及全面融入组织为路径，以在自身及影响范围内的活动与关系中得到践行为验证。ISO 26000 的社会责任包括自身在内共嵌着 14 个术语，超过标准所列 27 个术语的一半。因此，理解社会责任定义的内容，必须联系着所有涉及的术语进行。ISO 26000 标准的 27 个术语可以划分为两类：非直接与社会责任相关联的通用术语、直接与社会责任相关联的特定术语。前者包括 13 个术语，其中内嵌于社会责任概念中的通用术语有 4 个，分别为组织、产品、服务、环境；后者包括 14 个术语，其中内嵌于社会责任概念中的特定术语有 10 个，分别为社会责任、组织影响、担责、透明度、合乎道德的行为、可持续发展、利益相关方、利益相关方参与、国际行为规范、影响范围。ISO 26000 标准除前言与引言外，共有七章内容，分别是范围、术语与定义、了解社会责任、社会责任原则、社会责任主要实践、社会责任核心和主题指南、社会责任全面融入指南。

6.3.5　我国的认证组织

国家质量监督检验检疫总局（以下简称国家质检总局）发挥了其监督和推动全国质量、食品安全、认证认可、标准化等工作的职能，和下属国家认证认可监督管理委员会（以下简称认监委）、中国标准化研究院为推动中国社会责任监督体系、质量信誉体系、标准体系做出了重大贡献。2012 年，国家认监委发布了《认证机构履行社会责任指导意见》，这是我国认证认可行业发布的首个以履行社会责任为主要内容的指导性文件。意见共分 4 个部分，共 20 条意见，对认证机构履行社会责任提出了具体要求，包括树立责任意识、建立履行社会责任的内部管理制度、建立社会责任报告公开发布制度等。认监委鼓励认证机构从 2012 年起发布社会责任报告，要求所有认证机构从 2014 年起每年发布社会责任报告。

6.4　行业组织关于矿产资源型企业社会责任评价的规定

最初的社会责任指南主要关注劳工议题中的合同管理、职业健康安全、女性员工保护等。目前的行业社会责任指南涉及普遍被关注的经济、社会和环境领域，责任议题逐渐扩展到诚信经营、环境保护、供应链管理、科学发展、自主创新等。近年来，行业特色逐渐成为社会责任指南议题的强调重点，除遵守共同的社会责任行为准则外，更加强调不同特点的行业所承担的社会责任议题应有所侧重。各行业协会的社会责任指南均要求企业重视社会责任报告的编制和发布，推动企业开展系统、规范化的社会责任管理和实践以及建立社会责任指标体系、开展社会责任绩效评价等。

行业协会普遍重视行业指南在行业内的实施和应用，推进行业企业按照行业指南的要求开展相关社会责任实践。一些行业协会根据行业发展现状和趋势，不断修订和完善前期制定的行业指南。如中国纺织工业联合会不断修订《CSC9000T 中国纺织企业社会责任管理体系》；中国工业经济联合会于 2010 年 5 月发布了《中国工业企业及工业协会社会责任指南第二版（GSRI-CHINA 2.0）》，并发布了矿产行业社会责任履行所依据的标准。

6.4.1　中国企业社会责任调查评价体系与标准

中国企业社会责任调查评价体系与标准，是受全国工商联、中央统战部的委托，由北京大学民营经济研究院组织来自北京大学光华管理学院和民营经济研究院的研究人员，会同全国工商联以及其他院校的有关专家共同开展的重大研究课题。该评价体系与标准于 2006 年完成，结构分为 4 个部分：第一部分，交代研究的背景和动因；第二部分，阐述研究的理论依据和指标选取原则；第三部分，展示具体指标体系和数据处理程序；第四部分，提出有关机构设置的建议。

6.4.2　中国工业企业及工业协会社会责任指南

中国工业企业及工业协会社会责任指南（以下简称指南）是中国工经联与中国煤炭、中国机械、中国钢铁、中国石化、中国轻工、中国纺织、中国建材、中国有色金属、中国电力、中国矿业等 11 家工业行业协会于 2008 年 4 月联合发布的社会责任指南。指南明确了工业企业及工业协会的履责重点，指导工业企业和工业协会提高履责能力；2010年5月，对指南进行了修订，修订后的指南为《中国工业企业及工业协会社会责任指南（GSRI-CHINA 2.0）》。2011年，中国工经联发布了《中国工业企业社会责任指南实施手册》、《中国工业协会社会责任指南实施手册》，为企业更好地开展社会责任建设提供了更具操作性的帮助和服务，有利于重塑管理方式，提高履责透明度，进一步持续有效地促进工业企业履行社会责任，促进企业与社会、环境的有机统一、和谐相融。

6.4.3 有色金属工业企业社会责任指南

2008年11月，中国有色金属工业协会发布了《中国有色金属工业企业社会责任指南》。该指南指出：有色企业在社会责任的承担上应该将节约资源、加强环境保护、做好节能减排作为重点，且根据企业的不同特点，所承担的企业社会责任也应有所侧重。

6.4.4 《中国对外矿业投资行业社会责任指引》

2013年11月5日，中国商务部指导、五矿化工进出口商会编制的《中国对外矿业投资行业社会责任指引》正式发布。这是中国对外矿业的一部自愿性社会责任标准。这份指引强调，中国企业赴海外投资应当主动承担社会责任。随着经济发展对矿产资源需求的激增，全球性的矿产资源投资与开发竞争日益激烈。中国企业实施"走出去"的战略，在服务中国经济快速发展对矿产资源需求的同时，应积极参与全球矿产资源的优化配置，追求合作共赢。指引参照了《ISO 26000 社会责任国际标准指南》的原则和核心主题，借鉴了"全球契约"倡议、国资委《关于中央企业履行社会责任的指导意见》和相关的法律、法规，同时也参考了如国际矿业与金属理事会（ICMM）的可持续发展框架和自然资源宪章等具体的行业可持续性标准。指引进一步指导对外矿业投资企业明确社会责任议题，建立社会责任管理体系，公开社会责任信息，持续提升经济、社会和环境的综合绩效。

6.4.5　《关于中央企业履行社会责任的指导意见》

2011 年 1 月，国务院国资委以文件形式发布了《关于中央企业履行社会责任的指导意见》。国资委的文件强调了负责任的、持续的企业行为对其实现核心目标，包括提高创新能力、员工素质和企业声誉至关重要。积极主动地处理好环境、社会和公司治理等方面的问题，不仅能给企业带来良好的经济效益，也是解决类似贫困、气候变化这类世界性问题的有效途径[①]。中央企业履行社会责任的主要内容包括：坚持依法经营、诚实守信、不断提高持续盈利能力、切实提高产品质量和服务水平、加强资源节约和环境保护、推进自主创新和技术进步、保障生产安全、维护职工合法权益、参与社会公益事业[②]。

6.4.6　《中国企业社会责任评价准则》

清华大学社会科学学院等相关组织历时近两年，创新起草了《中国企业社会责任评价准则》，于 2014 年 6 月 17 日在北京钓鱼台国宾馆隆重发布，解决了目前社会责任评价指标体系缺失的问题。中国企业评价协会是参加创立、起草的机构之一，通过促进开展社会责任评价，协会希望提高我国企业的社会责任管理水平，增加履行社会责任的手段。其具体目标如下：一是推动企业增强社会责任意识与管理水平，为社会可持续发展服务。二是推动企业完善社会责任体系，强化企业自律约束机制。三是通过社会责任管理使企业提高国际化水平和竞争力，改变企业经营理念与意识，鼓励企业履行社会责任，希望在社会责任管理方面与国际接轨。

《中国企业社会责任评价准则》是以国际标准化组织发布的《ISO 26000 社会责任国际标准指南》为参照，同时融入了中国特色、适合现阶段我国经济发展水平的一套指标元素。准则包括道德伦理、质量安全、科技创新、透明诚信、消费者权益、股东权益、员工权益、能源环境、和谐社区、责任管理 10 个方面的一级评价指标，以及健康的商业

---

① 参照《关于中央企业履行社会责任的指导意见》的第三部分 8～15.
② 侯云春.推动企业完善社会责任体系.《中国企业社会责任评价准则》发布会的演讲稿.

价值伦理、产品质量认证、诚信经营、消费者保护、投资者良好关系、和谐劳动关系、环境保护措施、慈善捐赠、有社会责任感的企业文化等63 个二级和三级评价指标①。应该说，这些指标涵盖了企业社会责任的方方面面，在征求意见的过程中，企业对此普遍表示认同。

6.4.7 《深圳证券交易所上市公司社会责任指引》

2006 年 9 月，为落实科学发展观，构建和谐社会，推进经济社会可持续发展，倡导上市公司积极承担社会责任，根据有关法律、法规、规章并借鉴国际市场经验，深圳证券交易所制定了《深圳证券交易所上市公司社会责任指引》。该指引共 8 章 38 条，从股东和债权人权益保护，职工权益保护，供应商、客户和消费者权益保护，环境保护与可持续发展，公共关系和社会公益事业等方面对社会责任履行做出了规定。

6.5 地方政府关于本地企业社会责任评价的规定

社会责任在中国的深入发展，使得越来越多的地方政府根据本地区的社会经济发展状况，出台了相关政策，包括法规、意见和标准，目的是强化企业社会责任的政府管理和引导作用，在地区范围内推进企业社会责任理念、社会责任管理与履行，提升区域责任竞争力水平。广东省、山东省、河北省、福建省、重庆市先后发布了社会责任相关指南、指引、意见，在操作层面上为企业履行社会责任提供详尽的依据。通过调查，少数民族地区地方政府没有出台关于企业社会责任的政策、条款。从 2010 年开始统计，我国地方政府颁布的企业社会责任方面的有关文件具体见表 6-1。

山东省、陕西省、江苏省常州市、广东省深圳市、上海浦东新区、江苏省无锡新区、山东省威海市、浙江省宁波市、湖南省长沙市等省市（新区）相继成立了促进企业社会责任执行的相关政府机构。

西部少数民族地区地方政府对企业社会责任的推动与东部地区相比还是有很大的差别，在制定社会责任法律、法规层面，西部少数民族地

---

① http://www.gov.cn.

区的地方政府都没有很强意向。

表 6-1　　　　地方政府颁布的与社会责任相关的文件

发布机构	时间	内容
广东省深圳市	2010.6	《关于加快转变经济发展方式努力构建和谐劳动关系的若干意见》
广东省	2010.7	《关于加强人文关怀改善用工环境的指导意见》
山东省	2011.1	《关于省管企业履行社会责任的指导意见》
河北省	2011.2	《借鉴外地经验推进我省企业社会责任建设》
福建省厦门市	2011.12	《厦门市属国有企业履行社会责任的指导意见》
重庆市	2012.2	《重庆市电子信息产业重点企业社会责任考核评估办法（试行）》
上海市	2012.2	《上海市文明单位社会责任报告指导手册（试行）》
浙江省宁波市	2012.3	《宁波市企业信用监管和社会责任评价办法》
甘肃省	2012.4	《甘肃省重点用能企业清洁生产社会责任报告》
陕西省	2012.5	《关于省属企业履行社会责任的指导意见》
湖北、湖南、四川、贵州、云南五省	2012.8	《磷矿企业社会责任年度报告制度》
浙江省	2012.10	《关于推动全省工业企业积极开展社会责任建设的若干意见》
上海市	2012.11	《上海文明单位社会责任报告白皮书》
湖南省长沙市	2012.12	《长沙市人民政府办公厅关于加强企业社会责任建设的意见》

资料来源　高宝玉.中国地方政府推进企业社会责任政策概览[M].北京：经济管理出版社，2012.

对于社会责任评价体系，地方政府也在加大力度进行推广和普及。江苏省常州市、上海浦东新区、江苏省盐城市、浙江省宁波市、浙江省义乌市、辽宁省大连市、浙江省慈溪市、山东省陵县、江苏无锡新区、浙江省温州市、浙江省杭州市、江苏省南京市、山东省威海市、湖南省长沙市等市、县级地方政府有关部门都发布了企业社会责任报告、评估体系等政策与文件，确立了企业社会责任的内涵，为企业进行社会责任管理提供了科学的依据。

6.6 少数民族地区矿产资源型企业社会责任评价体系的构建

至今，少数民族地区地方政府都没有与社会责任相关的政策与评价体系出台，所以从行业角度考量，行业发布的社会责任文件适用于矿产资源型企业的，有 2008 年的《中国有色金属工业企业社会责任指南》，2011 年的《中国工业企业社会责任指南实施手册》、《中国工业协会社会责任指南实施手册》，2014 年的《中国企业社会责任评价准则》。这些文件为企业社会责任绩效评价提供了客观标准。此外，《中国社会责任报告编写指南》国家标准、《社会责任绩效评价指标体系》国家标准也在起草中。企业履行社会责任是一项长期、不断推进的日常管理工作，为了社会责任管理的提升，需要发现与行业领先企业的差距，然后制定适合本企业的社会责任绩效评价体系。从社会责任绩效评价体系来看，需要指标体系的构建和评价方法两个步骤。少数民族地区矿产资源型企业大致分为两类：一类是上市企业，一类是中小企业。由此，社会责任绩效评价的方法也不尽相同。

6.6.1 少数民族地区矿产资源型上市公司社会责任评价指标体系构建

1）少数民族地区矿产资源型上市公司社会责任评价指标构建

少数民族地区矿产资源型上市公司共有 18 家，大体分布在黑色金属、煤炭开采、有色金属等行业。2008 年 11 月，中国有色金属工业协会制定了《中国有色金属工业企业社会责任指南》，主要目的是要求企业倡导和推进社会责任工作，处理好企业与社会、企业与职工的关系。其内容是培育企业承担社会责任的意识，督促企业发布社会责任报告，核实企业社会责任报告内容。由于指南中未包括企业社会责任评价、指标体系设置的内容，对少数民族地区矿产资源型上市公司进行社会责任绩效评价时，只有参考 2014 年颁布的《中国企业社会责任评价准则》进行。本书以煤炭行业为例，参考《中国企业社会责任评价准则》初步建立了矿产资源型企业社会责任评价指标体系，主要包括5个一级指标（即经济责任评价指标、环境责任评价指标、员工责任评价指标、社区主任管理指标和责任管理评价指标）和最终确定的41个二级指标，具体指标构成见表6-2。

表6-2　　　　　少数民族地区矿产资源型上市公司
社会责任绩效评价指标

一级指标	二级指标	序号	三级指标
经济责任	股东	1	资产保值增值、股东权益收益率、盈利能力
	债权人	2	按时支付利息、按时还款、偿债能力
	客户	3	公平交易、诚信经营，合同履行情况
	政府	4	纳税状况、就业情况
环境责任	环境管理体系	1	环境认证、环境管理体系的设置
	能源利用率	2	土地复垦率、煤炭资源回采率
	污染物排放治理率	3	废水、废气排放率，煤矸石排放量
	清洁生产	4	环保项目投入率
员工	职业发展	1	职工培训、职业病防治
	薪酬待遇	2	劳动合同签订率、社保覆盖率、薪酬水平
	工作环境与安全	3	工作环境、安全生产、安全生产投入金额
社区	慈善公益	1	捐赠行为、支持公益活动行为
	参与社区建设	2	社区发展经费支出
责任管理	责任决策	1	独立设置CSR机构、CSR决策制度体系
	责任推进	2	CSR培训、CSR实施及控制、
	责任认证	3	CSR内部监督体系、CSR报告、ISO26000认证

资料来源　作者根据相关资料整理．

　　企业社会责任评价需要有社会责任评价指标体系的支持，根据指标的高低直接可以判断企业社会责任的履行程度，所以在社会责任管理体系中指标体系的确认是重要组成部分，主要目的是服务于企业社会责任管理。它也是对企业社会责任的履行状况进行评估所设定的一个标准。企业社会责任评价指标体系的运用要求指标的采用具有准确性、动态性及灵活性等一些基本特点。社会责任绩效评价首先要构建指标体系，然后进行各个指标的权重计算，最后根据权重进行评价。

2）少数民族地区矿产资源型上市公司社会责任评价指标体系说明

指标体系能为煤炭企业社会责任评价提供基本框架，煤炭企业可根据个体情况和评价的需要，在指标设计上有所取舍，并根据实际情况进一步细化指标体系。社会责任一般情况指标说明如下：

（1）资本保值率。

资本保值增值率=（年末所有者权益÷年初所有者权益）×100%

资本保值增值率<1，说明企业亏损，股东权益较上年有所减少（较差）。

资本保值增值率=1，若为100%，说明企业不盈不亏，保本经营（一般）。

资本保值增值率>1，说明企业有经济效益，资本在原有基础上实现了增值（优秀）。

（2）股东权益收益率（净资产收益率）。

净资产收益率=税后利润÷所有者权益×100%

净资产收益率<行业平均值，说明在行业中企业居于下游状态（较差）。

净资产收益率=行业平均值，说明在行业中企业居于中等水平（一般）。

净资产收益率>行业平均值，说明在行业中企业居于龙头地位（优秀）。

（3）资产保值增值。

资产保值增值=本年资产增加总额÷年初资产总额

资产保值增值=资产贬值（较差），说明企业资产减少，所有者权益减少，经营业绩为亏损。

b=资产保值增值率22.09%（一般至良好），说明企业资产增加，经营业绩良好。

c=资产保值增值率在22.09%以上（优秀），说明资产较上一年有很大的增长，业绩优良。

（4）经济增加值。

EVA=税后净营业利润−资本成本

a=EVA大于0（优秀），说明企业经营业绩良好。

b=EVA 小于或等于 0（一般），说明企业经营业绩一般或出现亏损。

（5）资产负债率。

资产负债率=负债总额÷资产总额×100%

a=资产负债率大于 50%，说明企业负债沉重，如果经营不善会有破产的风险（较差）。

b=资产负债率小于或等于 50%，说明企业负债适度（一般）。

（6）已获利息倍数。

已获利息倍数=息税前利润总额÷利息支出

a=已获利息倍数大于 1，说明企业偿付债务能力较好（一般）。

b=已获利息倍数小于 1，说明企业偿付债务能力较差。

企业息税前利润是指企业支付财务费用和缴纳所得税之前的企业利润。已获利息倍数反映企业营业利润支付债务利息的能力，如果这一指标太低，反映企业经营偿付债务利息的能力较低，一般企业已获利息倍数应大于 1，不然企业将面临较高的偿债风险。因此，已获利息倍数与企业偿债能力两者成正比关系。

（7）诚信经营和公平竞争（多选）。

a=企业制定物资采购办法。

b=公开招标采购程序。

c=公平采购，防止腐败和贿赂。

（8）平均及时结算比率。

平均及时结算比率=年超过账期的结算次数÷年结算次数

a=平均及时结算比率大于 1。

b=平均及时结算比率小于或等于 1。

对供应商来讲，企业结算方式决定了应收账款回笼需要一定的账务期，如果企业资金不能回笼，将影响其供货周转；如果该指标小于 1，则说明其存在账务违约，不利于供应商。

（9）订货完成率。

订货完成率=年实际订货数量÷年合同订货数量

a=订货完成率大于 0.5。

b=订货完成率小于 0.5。

订货完成率对供应商选择企业至关重要，一般情况下，供应商会选择具有长期合作关系的企业。通常，订货完成率数值在 0～1 之间，越高则说明订货完成数量越多。

（10）税收贡献率。

税收贡献率=支付的各项税收合计÷主营业务收入×100%

a=税收贡献率大于行业标准。

b=税收贡献率小于行业标准。

（11）创造就业政策及措施。

a=有。

b=否。

（12）环境管理体系。

a=企业设置专门的环境管理机构。

b=有专门的环境管理制度或方案。

c=定期或不定期地对员工进行环保培训。

（13）环境信息公开情况。

a=企业及时负责地公开披露使用和排放的有毒、有害物质（如甲烷、煤矸石、矿井瓦斯和废水等）的数量和类型以及对人类和环境的风险。

b=企业没有公开相应的环境信息。

（14）土地复垦率。

土地复垦率=土地复垦面积÷塌陷区总面积

a=土地复垦率在 12%以下（较差）。

b=土地复垦率在 12%～40%（良好）。

c=土地复垦率在 40%以上（优秀）。

（15）资源回采率。

资源回采率=采区实际采出量÷采区动用储量

a=厚煤层不得小于 75%，中煤层不得小于 80%，薄煤层不得小于 85%；水力采煤区的厚煤层、中煤层、薄煤层分别不得小于 70%、75%、80%。符合此规定的为一般以上。

b=低于此规定的为一般以下。

（16）万元产值综合能耗。

万元产值综合能耗=能源消耗总量÷矿区生产总值

a=1.034以下（一般以下）。

b=0.869～1.034（良好）。

c=0.869以下（优秀）。

（17）矿井水利用率。

矿井水利用率=矿井水利用量÷矿井水总量

a=75%以上（优秀）。

b=70%～75%（良好）。

c=70%以下（一般以下）。

（18）煤矸石利用率。

煤矸石利用率=煤矸石利用量÷煤矸石总量

a=70%以上（优秀）。

b=61%～70%（良好）。

c=61%以下（一般及以下）。

（19）煤气层利用率。

煤气层利用率=煤层气利用量÷煤层气可利用量

a=65%以上（优秀）。

b=40%～65%（良好）。

c=40%以下（一般以下）。

（20）环境认证。

a=通过 ISO14000 环境认证。

b=没有环境认证。

（21）环保设备投资与开发。

a=有。

b=没有。

（22）职业培训。

a=有。

b=没有。

（23）职业病防治。

a=企业有健全的职业安全健康监管体系，以防范尘肺病为重点。

b=职业健康培训。

c=加强劳动保护设施建设，改善煤矿井下作业环境，完善防尘系统、粉尘浓度检测制度，组织矿工定期体检。

d=职业病疗养制度。

（24）劳动合同签订率。

a=全部。

b=部分。

（25）社保覆盖率。

a=全部。

b=部分。

（26）企业是否实行了合理工作时间和薪酬水平。

a=是。

b=否。

（27）员工权益保护。

a=企业对兼职员工、临时工和分包商员工有没有合理保护。

b=企业改善员工生活条件的措施。

c=企业成立工会组织。

d=企业与员工有通畅的沟通渠道。

（28）安全教育与培训。

a=企业有保证员工安全生产的制度和措施。

b=企业有安全应急的措施。

c=企业有明确的安全教育与培训。

（29）生产百万吨死亡率。

生产百万吨死亡率=生产百万吨死亡的人数÷100

a=原煤生产百万吨死亡率在 0.749 以上（一般及较差）。

b=原煤生产百万吨死亡率在 0.749～0.5 之间（良好）。

c=原煤生产百万吨死亡率在 0.5 以下（优秀）。

（30）安全投入。

a=提足用好安全生产费用。

b=依法依规淘汰落后、隐患技术装备和工艺。

（31）企业是否有捐赠政策和方针。

a=是。

b=否。

（32）企业是否有捐赠行为。

a=是。

b=否。

（33）企业是否有支持公益活动的行为。

a=是。

b=否。

（34）社区发展经费支出率。

社区发展经费支出率=捐赠金额÷净利润

a=企业为社区发展支出经费。

b=社区发展经费支出率提高。

（35）企业是否设立 CSR 管理机构。

a=有专门的 CSR 管理机构。

b=没有专门机构，但有专人负责社会责任事务。

c=没有专门机构，也没有专人负责社会责任事务。

（36）企业是否有社会责任制度体系。

a=有与企业社会责任总体工作有关的制度规定，如企业社会责任工作指导。

b=有与企业社会责任具体工作相关的制度规定。

c=有企业社会责任推进部门自身的管理制度和工作程序，如社会责任危机处理预案等。

d=没有。

（37）企业是否有 CSR 发展规划。

a=有。

b=没有。

（38）企业是否有 CSR 培训。

a=企业全员参与的 CSR 培训。

b=有部分人员参与的 CSR 培训。

c=没有 CSR 培训。

（39）CSR 实施及控制。

a=预算管理，即由社会责任部门根据社会责任项目计划向财务部提出预算申请，纳入公司年度财务预算。

b=项目审批，即由社会责任部门牵头明确本年度社会责任项目计划，经领导机构审批同意后发给各部门执行，社会责任部门负责项目执行过程中的日常审批。

c=执行监控，即项目分解落实到部门、岗位，社会责任部门跟踪社会责任项目执行情况并进行通报。

d=绩效考核，即建立社会责任指标体系，对社会责任绩效进行考核。

e=没有。

（40）企业社会责任沟通机制。

a=明确利益相关方，听取利益相关方对战略及实施计划的意见和要求。

b=战略或规划实施中与有关各方进行交流。

c=了解现状评价和规划实施绩效评价。

d=建立日常与内部及外部利益相关方沟通的渠道及相关意见的反馈机制。

（41）撰写并及时发布社会责任报告。

a=撰写并及时发布社会责任报告。

b=撰写但不公开发布社会责任报告。

c=没有撰写社会责任报告。

（42）社会责任认证 SA 8000。

a=有。

b=没有。

（43）产品质量认证、ISO 9000 环境认证。

a=有。

b=没有。

6.6.2 少数民族地区非上市矿产资源型企业社会责任绩效评价构建

中小企业占我国企业总数的 99%以上，为城镇就业岗位提供了将近 80% 的数量、50% 的财政税收，创造了约 60% 的经济总量，中小企业拥有 65% 的发明专利。以上数据表明，中小企业在国民经济以及社会发展中占有十分重要的地位。可是近年来，在社会责任感方面中小企业缺失的案例比比皆是，社会责任感缺失已成为严重制约中小企业发展的顽疾之一。造成这一问题的根源归根到底，是由中小企业自身的局限性、政府监管不力以及员工维权意识缺乏等因素决定的。表 6-3 是少数民族地区矿产资源型中小企业社会责任权重表。

表 6-3　　　少数民族地区矿产资源型中小企业社会责任权重表

一级指标 权重	二级指标 权重	序号	三级指标 权重
经济责任 4	股东 1	1	资产保值增值 0.25 股东权益收益率 0.25 盈利能力 0.5
	债权人 1	2	按时支付利息 0.33 是否按时还款 0.17 偿债能力 0.5
	客户 1	3	公平交易 0.25 诚信经营 0.25 合同履行 0.5
	政府 1	4	纳税状况 0.5 就业情况 0.5
环境责任 2	环境管理体系 0.5	1	环境认证 0.3 环境管理体系设置 0.2
	能源利用率 0.5	2	土地复垦率 0.2 煤炭资源回采率 0.3
	污染物排放治理率 0.5	3	废水 0.2 废气 0.2 煤矸石 0.1
	清洁生产 0.5	4	环保项目投入率 0.5
员工 2	职业发展 0.5	1	职工培训 0.2 职业病防治 0.3
	薪酬待遇 0.5	2	劳动合同签订率 0.2 社保覆盖率 0.2 薪酬水平 0.1
	工作环境与安全 1	3	工作环境 0.3 安全生产 0.4 安全生产投入金额 0.3
社区 1	慈善公益 0.5	1	捐赠行为 0.3 支持公益活动行为 0.2
	参与社区建设 0.5	2	社区发展经费支出 0.5
责任管理 1	责任决策 0.3	1	独立设置 CSR 机构 0.2 CSR 决策制度体系 0.1
	责任推进 0.4	2	CSR 培训 0.2 CSR 实施及控制 0.2
	责任认证 0.4	3	CSR 内部监督体系 0.1 CSR 报告 0.1 SA8000 认证 0.2

资料来源　作者根据相关资料整理.

2013 年 12 月，由中小企业相关组织制定的《中国中小企业社会责任指南》在北京发布。指南指出，中小企业与上市企业相比社会责任意识、社会责任管理理念落后，需要从企业社会责任管理方面着手加强社会责任绩效管理工作，构建与利益相关方的和谐互动关系，加强创新，科学履责。指南以"社会责任管理"为着眼点，依据中小企业的主要利益向相关方提出了包括环境责任、市场责任、员工责任、社区责任在内的四类细目要求，对中小企业进行社会责任管理具有非常重要的现实意义。中小型矿产资源企业缺乏对社会责任的认识，对环境、资源的投入也较少，乱采、乱开发现象较严重，而且对职工社会保障体系重视不够，社保覆盖率较低。基于以上问题，非上市矿产资源型企业绩效评价体系的构建，要与上市公司区分开，做到简便易行、有的放矢，逐步提升企业的社会责任意识与履行力度。

少数民族地区矿产资源型中小企业社会责任绩效评价的具体方法如下：根据 6.6.1 所列出的社会责任评价指标体系，通过问卷调查的形式，对设计的指标体系之间的相对重要性进行打分，并进行权重确定（具体见表 6-2）。矿产资源型中小企业可以通过财务报表、社会责任报告以及其他企业信息，评价社会责任履行情况，然后对企业不足的维度与项目进行治理与改进。

6.7　少数民族地区矿产资源型企业社会责任管理分析——以环境责任为例

随着环境问题的日益突出和人们环保意识的逐渐增强，企业生产对环境的影响日益受到世界各国政府、企业和社会公众的关注。2006 年新出台的会计师审计准则增加了"财务报表审计中对环境事项的考虑"，明确了管理层对环境会计信息披露的责任和要求。由于环境资源具有非排他性，所以环境资源的利益主体也相对更加广泛，矿产资源型企业所履行的社会责任中，在今后最主要的就是环境的保护与恢复。

6.7.1　低碳经济思想下环境成本管理对企业的重要意义

现今，企业把环境成本作为获得长期竞争力的有效手段，本着低碳生产原则从低碳经济视角对企业环境成本进行管理。其目的在于建立一个系统、高效、低碳环保的、适应企业未来发展的现代环境成本管理体系。它的建立可以使企业环境成本的费用支出得到有效控制，低碳经济可以为企业的环境成本管理提供更准确的思路和计量方式。对企业环境成本进行管理与控制时以低碳经济为前提，也可以为环境成本管理工作提供明确的目标。低碳经济思想能够使企业认识到只有建立新型的低碳经济发展模式代替传统的粗放型的经济增长方式，才能适应未来企业的发展要求，实现企业利益的最大化。所以，企业基于低碳经济思想的环境成本管理的重要意义主要在于：

1）有助于降低企业的环境风险

企业的环境行为受其社会责任约束，近几年，国家对环境保护法律、法规及政策的施行力度越来越大，对企业约束力也越来越强。在此情况下，假如企业在生产过程中仍大量地排放二氧化碳等污染物，且排放量高出国家和地方标准，或对企业周围生态系统和居民健康造成损害，它将面临罚款、诉讼赔偿或责令其对造成的污染进行治理的风险，给企业造成巨大损失。如果污染情况严重，企业会被关闭或勒令停业。环境成本管理则可以降低或避免以上风险发生的可能性。

2）有助于企业管理者做出正确决策

企业管理者进行投资决策，环境成本是必须要考虑的相关成本的一部分。企业环境成本与其他成本一样，都是流经企业的物质的价值体现。环境成本投入与企业利润联系紧密，企业利润会受到为达到环境标准而投入的成本的影响。科学地管理和控制环境成本，能协调环境保护与企业发展之间的关系，并为科学决策提供强有力的支持。

3）有助于降低企业环境成本

将产品生命周期思想与作业成本法一并引入企业环境成本核算，能够正确分析产生环境成本的原因，并采取合理的企业环境成本管理方式，从而降低环境成本。

4）有利于完善现代企业制度

企业往往会忽略社会利益去寻求自身利益。现代企业制度要求企业由生产型转化为生产经营型，要求社会发展需求与自身利益相协调。科学的环境成本管理方式，一方面，可以使企业降低对资源的消耗，减少环境污染，并站在自身角度思考环境问题，设法降低产品成本，增加企业效益，增强产品在市场上的竞争力，从而有利于现代企业制度的完善；另一方面，保护环境与高效利用资源相结合，将会促进可持续发展的社会经济的形成。

5）有助于企业的环境绩效考核和评价

伴随着环境问题的日益加剧，我国的相关环保法律、法规不断强化，企业的环保开支额度越来越大。充分发挥环境成本的高效率，使尽量少的环保成本支出给企业带来更多的利润，在现代企业中受到的关注越来越多。对企业环境成本进行科学的管理与控制，有助于分析和评价企业的环保工作成绩，达到环境绩效考核与评价的要求。

6.7.2 目前矿产资源型企业进行环境成本管理所存在的问题

当前，我国多数企业对环境都是采取先污染后治理的模式，并把发生的各项费用都算做环境成本进行统一核算。这种事后处理的方法只对生产过程中发生的环境支出进行管理与控制，并不考虑环境污染预防成本。另外，环境成本管理还存在以下几点问题：

1）企业对环境问题重视不够

很多企业的生产长期处于粗放式，并没有意识到环境问题的严重性，在生产经营中缺乏对环境成本的考量，而且很多企业还没有真正形成自身环境责任的道德观念。另外，环境会计核算体系还没有建立，企业并未单独对环境成本进行核算，这也反映出环境问题没有受到企业的足够重视。

2）企业对环境成本控制的范围过于狭窄

可持续发展与清洁生产在我国的广泛推广，使得企业在考虑成本问题时不能对环境成本忽略不计。随着环境规制的严格，企业如果不注重保护环境，那么国家、地方政府就会对其进行严厉的惩罚，使其面临破产倒闭的风险。所以矿产资源型企业在经营管理中，一定要重视企业活动对环境的影响，加大科研投入力度，进行绿色生产。企业应该树立全面的环境成本理念，对矿产资源型企业来说，主要是做好生产当中的废水、废气、废渣即"三废"的处理工作，并把矿区的生态恢复纳入环境成本管理工作中。

3）缺乏对环境成本控制的考核指标

现在大多数企业只在环境污染发生后，采取治理措施时才进行环境支出核算。由于企业从产品设计到原材料的选择再到生产流程的选择都没有对污染物的产生进行有效的控制，导致末端治理设施资金投入大、运行成本高，增加了企业的环境治理成本开支，给企业带来了沉重的经济负担，对企业的经济效益造成了严重影响，同样也使企业面临着巨大的环境风险。

6.7.3 矿产资源型企业环境成本管理与控制的建议

企业的环境成本产生于企业生产经营的各个环节，从最初的产品设计到产品寿命的终结，所以企业环境成本管理也应与各个环节紧密结合，做到"精打细算"。

1）从企业项目投资决策开始进行环境成本控制

矿产资源型企业在投资伊始就应该进行环境成本控制。企业应做到事前规划，在对投资方向、投资领域进行选择时，就应将环境成本因素考虑在内，以控制投产后的环境成本。矿产资源型企业属于低碳经济主要涉及的行业企业，环保主要集中在新能源领域和节能减排方面，科技创新主要包括低碳技术和低碳能源以及低碳产品的开发利用。低碳经济涉及交通、电力、冶金、建材、石化等行业的技术，新能源和可再生能源，石油和天然气资源以及煤层气的勘探和开发，煤的清洁高效利用等。低碳经济作为一个新兴的经济增长点，会给企业带来很多投资机遇。所以，在低碳经济环境下，出于对环境成本的考虑，企业在进行投资时应首先考虑以上行业，而且企业在进行项目投资决策时，应把环境成本作为决策方案的重要考虑因素。低碳经济环境下的企业在对投资项目做可行性分析时，除了要考虑利润外，也应研究对资源环境的影响，并将企业在未来生产经营过程中需支出的与资源环境有关的费用纳入投资方案的成本中。以盈利为目的的，要分析方案的可行性。

2）在企业生产周期全过程进行环境成本控制

企业要在产品生命周期全过程中控制环境成本。首先，是产品的低碳设计。产品的低碳设计是整个产品生产周期过程中环境成本控制的基础。采掘行业的产品是各种矿产资源，所以不涉及产品的低碳设计。其次，是生产设备的低碳采购。低碳采购就是指购买和使用节能环保产品的行为，也是企业在生产原料准备过程中重视节能减排和注重环境保护的体现。矿产资源型企业在购买生产设备时，应选择耗能少、低碳环保产品。企业应加大科研投入力度，对设备进行更新、改造，以适应环保的需要。最后，是生产阶段的绿色生产。矿产资源型企业在生产阶段应加大对清洁能源的使用，实现多样化能源供应的模式。低碳生产是保护环境的重要方法之一，是指在产品的整个生产流程中，注重防止污染，减少污染物的生成。它既是实现低碳经济的一部分，更是进行环境保护的重要途径。对于传统的环境治理方式，即先污染后治理，是一种落后的、需要淘汰的治理方式，而低碳生产是从上游开始着手，提高资源利用效率，防治污染，节能减排。所以矿产资源型企业在生产过程中应加大对风能、太阳能等清洁能源的使用。

此外，企业在销售过程中应注重低碳运输。所谓低碳运输，就是以节约能源、削减废气排放为特征的运输。对矿产资源型企业来说，要把采掘后的资源运送到购买方处，如果用量过大应考虑就近建厂进行深加工；运输过程中，应考虑选取合适的运输工具、运输线路，改进燃料利用技术并使用清洁燃料，以提高能效；要预防运输过程中出现泄漏现象，运输工具应做到经常维护与维修，以免对环境造成破坏。此外，产品废弃物的利用、再生也是矿产资源型企业在今后的工作中需要关注的议题。企业应尽量对已使用过的被废弃的商品包装物和商品生产过程中产生的废弃物进行回收处理并再利用。矿产资源型企业在处理"三废"方面主要有两种方法：一是变废为宝，也称为废物的资源化；二是集中处理废弃物，对采矿产生的废水、废气、废矿石进行集中整合处理，以实现对"三废"的治理和回收利用，减少对区域环境的影响。

第7章 少数民族地区矿产资源型企业
社会责任推进机制研究

众所周知，企业承担社会责任是渐进的系统工程。从形式上看，企业承担社会责任属于自己的经营理念，是一种经营行为的管理体系。但就实质而言，企业在承担社会责任过程中需要其他经济主体的配合。目前，中国的社会治理是一个开放系统，该系统由政府、企业、非政府组织和社会公民各种子系统构成，诸多子系统中又包含了多个治理主体，政府是其中的一个。政府在社会治理中发挥着主导作用，引领着社会走向；企业作为社会治理的一个治理主体，是社会经济的细胞，在社会治理中也发挥着重要作用，能促进社会发展。

7.1 企业社会责任推进研究综述

关于企业社会责任推进路径的研究，学者们从各个视角进行了有益探讨。较早的研究者是刘公平，他从 1995 年开始关注企业社会责任的履行，提出应该在企业中推广社会责任会计，为企业推行社会责任奠定了信息基础。

其后，马丽娜（2004）从内部控制视角对社会责任推广路径进行了研究。她认为，设计健全且执行有效的内部控制，能够使企业履行社会责任的行为成为一种自然而然发生的自觉行为。同时，企业的社会责任机制与内部控制制度具有相互耦合性，企业的社会责任机制能够使得其内部控制更加健全和有效，而健全和有效的内部控制制度也能够促使企业履行社会责任，最终促进企业的可持续发展，增进社会福利。

景云祥（2005）认为，推进企业履行社会责任的基础是企业首先要建立社会责任标准体系。该体系是以政府标准、企业标准和社会公民标准为基础，涵盖了政府管理机制、企业推行机制和公民评价机制的三位一体的社会责任管理体系。

汤道路（2007）研究了社会责任推进的"软路径"，他认为中国社会责任的推进应该立足于中国传统文化和法制环境，通过政府、企业、非政府组织以及广大社会公民的积极参与，建立企业社会责任推动的"软机制"，从企业理念上使得其履行社会责任成为一种内在要求，而且这种要求服从于中国社会内在的价值判断与外在的法制要求。

刘藏岩（2008）以民营企业为研究对象，认为社会责任的推进路径包括政府推动、社会推动、法制推动和利益拉动四种。这四种推进路径有机结合，才能形成长期有效的推动力，从而促进民营企业履行社会责任，实现可持续发展。

帅萍、高杰（2008）基于经济学的"不完全契约理论"，从契约执行视角研究了社会责任推进路径。该研究利用"不完全契约理论"，分析了中国企业社会责任的内在经济机理，按照契约的特征，把影响企业履行社会责任的主要因素归结为重复交易收益、声誉溢出和心理预期，为推进企业履行社会责任提供了有益的思路。

冯梅和范炳龙（2009）的研究指出，社会责任推进路径必须契合中国国情，在社会责任与企业盈利之间找到最佳平衡点；在推进企业履行社会责任的过程中，政府要充分发挥其在社会治理中的引领作用。

7.2 少数民族地区企业社会责任推进现状

随着国家有关企业社会责任法规的陆续推出，各级政府积极响应国家的战略性号召，在已有的法律、法规基础上，近年来陆续出台和完善了一批法律、法规，内容广泛，覆盖了社会保障、就业与劳动用工、安全生产、环境保护、消费者权益、商业诚信、捐赠与社区等议题，为企业履行社会责任奠定了坚实的法律基础。此外，相关政府部门也出台了一系列企业社会责任政策，鼓励和规范企业履行社会责任。同时，很多地方政府，如上海、山东、浙江、江苏和广东等省市，也发布了与企业社会责任相关的政策及标准，积极引导当地企业社会责任的健康发展。

部分东部沿海发达地区已经把企业社会责任理念上升到地区发展战略的高度，把企业社会责任建设作为实施地区发展战略和规划的一项重要工作。部分地区政府也重视企业社会责任组织机构的建设。各地的政策、措施对推进企业社会责任建设的成效较为明显，对经济、社会、环境和政治的间接影响成效显著。例如"企业、政府、社区、农村、公民"五位一体的"烟台模式"就是地方政府推进企业社会责任建设较为完善的一种模式。少数民族地区与东部开放地区相比，企业社会责任意识淡薄，地方政府也没有把社会责任建设作为提升本地区发展的战略问题来对待。从地区制定的社会责任推进政策就可以看出，少数民族地区没有一个地区政府制定本地区提升企业社会责任的目标、纲领、文件。毫无疑问，地方政府是企业的重要利益相关方，可以通过加强对企业社会责任履行的监督、引导和评价，为企业自主履行社会责任营造良好的环境。同时，推进企业社会责任建设，也是地方政府落实科学发展观、实施可持续发展战略以及建设和谐社会的需要，是地方政府转变经济增长方式、推动产业结构调整、改善投资环境的重要手段，是地方政府转变政府职能的重要内容。

当前，国家正积极推进企业社会责任的履行，而少数民族地区还没有制定本地区企业社会责任推进的措施，企业社会责任建设的外部环境还没有形成，需要少数民族地区地方政府以战略视角处理本地区的企业社会责任推行与提升问题，并且要把各项政策落实到位。

7.3 企业社会责任的推进主体

企业自治与政府干预相结合的结果是企业自愿或非自愿承担社会责

任。因此，企业是社会责任的承担者。换言之，企业的自治行为是企业承担其社会责任的基础，而政府是企业承担社会责任最为重要的驱动力量。无论是企业还是政府，都是社会责任履行的推进主体。只有企业法人的自治行为与政府的强制干预有效地结合，企业才能及时、完整地承担起方方面面的社会责任，才能够实现公平和效率的价值目标。

7.3.1 政府

依据利益相关者理论，企业拥有政府、股东、消费者、供应商、社会公众等利益相关者。在众多的利益相关者中，政府与企业的关系最为紧密。首先，政府财政收入的主要来源之一是企业缴纳的税金；其次，政府的经济政策、产业政策、税收政策等的制定会影响到企业的生存和发展。当然，政府也是企业社会责任一个重要的推进主体，政府可以运用其拥有的行政资源通过教育等手段培养企业和公众的社会责任理念与意识。在政府推进企业社会责任履行的过程中，其主要职责包括以下几点：

1）宣传与引导职责

在经济一体化的背景下，中国企业逐渐参与到国际市场的竞争之中。因此，企业的生产经营不仅受到其发展战略、经营方针、财务状况的影响，还受到自身的形象和信誉等因素的制约，而积极主动地承担社会责任的企业在社会和市场中会有一个良好的企业形象，会获得社会公众的认可及信任。

如前文所述，政府作为企业社会责任一个重要的推进主体，其职责之一就是宣传与引导，即政府需要通过制定相关的制度，利用媒体宣传等手段，使得每一位社会成员都积极关注企业承担社会责任的情况，让企业的管理者及内部员工将履行社会责任内化为企业运营过程中的一种自觉行为。这样，对于履行社会责任情况良好的企业，会有一个相对优越的发展环境；反之，对于不履行社会责任的企业，将受到社会各界的严厉谴责。通过政府的宣传与引导，作为市场细胞的每一个企业就会争相承担社会责任，企业与企业、企业与员工、员工与员工之间会变成共同承担社会责任的关系，从而建立起一种合作共赢的良性循环。正如德国 Bertelsmann Stiftung 基金的 Birgit Riess 和 Anna Peters 所言："政治家和媒体在有关的讨论和对企业社会责任的范围、目标以及程度的界定中都是最主要的推动力量。"[①]

　　政府对企业社会责任进行宣传时，不仅应该宣传企业承担社会责任的重要性和必要性，而且要宣传正确的企业社会责任观。因为"企业社会责任"源于西方的，是用英语直译而来的一个概念。计划经济条件下，理论界以"企业办社会"描述企业对社会责任的担当。当时，企业承担了过重的社会责任。在当前市场经济条件下，企业作为独立的"经济人"，其本质在于追逐最大化的利益，因而对社会责任有抵触情绪。同理，社会公民对企业社会责任的认识，也局限于此。因此，政府在宣传企业社会责任理念时，宣传对象既应该包括企业管理者，也应该包括企业普通员工乃至社会公民，从而将企业社会责任的确切含义、企业承担社会责任的意义与价值，内化于每个社会公民的思想中，使得企业承担和履行社会责任成为一种自觉行为，而且营造全体社会公民崇尚承担社会责任的氛围，进而为企业社会责任的推广营造良好的社会环境。

　　2）立法与制定社会责任评价标准的职责

　　前文已述，企业社会责任可以从法律和道德两个层面来界定与理解。就法律层面而言，企业社会责任是以法律条文形式规定的企业对社会责任承担的最低限度。与此相适应，这些关于企业社会责任的法律条文就是强制力的企业行为规范，企业必须遵守。在国外，企业必须依照法律规定承担社会责任。目前，在我国进一步深化改革的背景下，建设法治国家已成为深化改革的必然选择，因此，企业也必须依法承担社会责任。政府要加强社会责任的相关立法工作，完善公司法、劳动法和消费者权益保护法等法律、法规，在各种法律条文中清晰界定企业承担社会责任的最低限度，并对违反法律、法规的行为作出制裁与惩罚规定，从而运用法律的威慑力和强制力保证每个企业承担最基本的社会责任。另外，也要运用法律、法规本身所具备的倡导性来引导企业承担社会责任，契合全社会的道德导向，使得市场中的每个企业把履行社会责任作

---

　　① 周云峰 . 论政府在企业社会责任中的作用［J］. 地方财政研究，2008（7）：50.

为其文化价值正确判断中必不可少的一个组成部分。

在法律、法规条文的强制规定之外，企业是否承担社会责任以及承担社会责任的程度（有效性）也需要科学的评价机制予以正确评价。在英国、美国等发达国家，对企业社会责任的评价一般从经济维度、社会维度和环境维度三个方面进行。其中，经济维度的各项指标是评价企业社会责任最基本的指标，而社会维度和环境维度的各项指标要与经济维度指标进行合理配比与结合，从而得出有关企业社会责任的最终评价结论。另外，还有一些国家运用道·琼斯可持续发展指数、多米尼道德指数进行企业社会责任的评价。

基于众多国家对企业社会责任评价的重视与关注，许多跨国公司均将承担社会责任作为成就"企业优秀公民"的一个重要条件，将企业社会责任作为企业管理工作的重要组成部分，由专门的部门负责，划拨经费保障其开展工作，并有规范化的管理制度和可操作性的管理程序。

但是，目前我国关于企业社会责任的评价仍然局限于经济维度，主要运用经济指标来衡量企业社会责任的履行情况。虽然一些地区和一些行业制定和运用了多个维度的社会责任评价标准，但是其科学性值得探讨，影响力也十分有限。因此，政府一方面需要积极参与企业社会责任评价标准的制定工作，研究国际标准化组织社会责任导则和其他相关国际规则，在企业社会责任评价国际规则和标准的制定中献言献策，充分发挥中国作为第三经济体国家代表的作用；另一方面要对国内学者和企业制定社会责任评价标准给予积极的人力和物力支持，并将国内企业社会责任评价标准的制定与国际最新规则接轨，进一步将企业社会责任评价标准按照地区、行业等转化为法律、法规，予以强制执行。

3）制定激励企业履行社会责任政策的职责

众所周知，法律具有"刚性"特征，而且法律条文在规定方式上遵循原则导向，具有概括性。由于企业具有异质性，对不同企业关于社会责任的要求无法通过具体的法律条文逐一予以界定。另外，企业社会责任的实现，不仅仅依赖于法律被动的强制性要求和法律规定的处罚措施，还依赖于积极的引导和鼓励措施。而引导与鼓励，需要政府制定相关政策予以支持。政府可以通过制定相应的产业指导、自主创新支持、投资环境改善、金融信贷支持等方面的有利政策，鼓励与引导企业积极承担和履行社会责任，从而促进企业提高自主创新能力，促进产业升级换代，改善员工的工作环境，保障员工权利以及消费者、供应商等利益相关者的利益，使环境和社会经济和谐共生发展。

4）营造良好社会环境的职责

政府要为企业履行社会责任营造良好的社会环境，加强企业承担社会责任的正面宣传和舆论导向。由于每个企业承担社会责任的牵涉面广，政府也需要在法定责任范围之外，通过宣传解释和舆论引导工作鼓励企业重视社会责任的履行，营造良好的社会环境。例如，在鼓励企业自愿参与慈善事业方面，政府部门由于其自身的权威性和公信力，更容易使企业和社会公众对其产生信赖，因而也更能够发挥引导作用。因此，政府要扮演好企业履行社会责任的"引导人"这一重要角色，通过建立规范的组织机构，把企业分散的、无序的各种公益活动加以有序化、组织化，为企业承担各种社会责任打造统一的平台，营造良好的社会环境和氛围。

5）监管企业履行社会责任的职责

政府在社会经济生活中扮演着"掌舵人"的角色，具有按照法律、法规和道德规范监管社会各个生产、生活环节的职责，因而，对企业社会责任履行肩负着不可推卸的监管职责。当然，政府的监督必须是在一定范围内的，不能无限扩大其职能。社会责任的价值理念，就其本质而言，体现了社会全体成员对"公平"和"正义"的追求。维护社会"公平"与"正义"，也就是保护社会公众的利益，是政府责无旁贷的职责之一。而企业社会责任恰是"公平"与"正义"的具体体现，因此，政府理应成为企业社会责任的维护者。政府的维护行为表现在对企业履行社会责任情况的监管方面。政府的监管行为在使企业按照法律、法规的要求承担社会责任的同时，也对其他企业具有强有力的威慑力，更为其他社会成员参与监管提供了一个途径和平台，即建立起了多层次、多渠道、全方位的监管系统。

通常来讲，政府监管是一个连续的过程，可以划分为事前监管、事中监管和事后监管。在政府履行监管职责时，不仅要注重未履行社会责任的事后处罚工作，更要注重事前预防工作。因为在经济全球化的背景下，企业产品和服务的使用对象越来越广泛，一旦没有履行社会责任，或者履行社会责任不到位，可能会给全社会造成不良甚至是灾难性后果。例如，2014 年的"奶粉风波"，不仅损害了全国十多万儿童的健康，而且给民族行业和品牌价值造成了难以估量的损失。因此，政府在监管企业履行社会责任时，需要从事前、事中和事后三个方面（即整个过程）进行引导和监管。

7.3.2　企业

企业是承担社会责任的主体，在推广社会责任的过程中起着关键作用。从企业与社会之间的关系来看，企业作为社会的一部分，两者之间是互相依存的，企业不可能独立于社会而存在，社会没有企业也无法发展经济。在社会责任推进的过程中，一方面，企业由于对 CSR 了解不足，在心态上采取了抵制的情绪；另一方面，对 CSR 缺乏认识的大都是中小企业，少数民族地区也是如此。在当前竞争激烈的市场环境中，采取 CSR 行为对企业短期的发展来说显然是不利的，但从长远视角来看，社会责任的实施会提高企业的社会知名度和产品质量。在推进企业履行社会责任的过程中，对于企业本身，主要从以下几方面着手进行：

1）增强企业自身履行社会责任的理念

企业社会责任在我国的推进还有待加强。首先，企业对社会责任的理解与深化管理的动力不足。企业如果被动地进行社会责任工作的开展，那么最后的结果就会存在一些问题。企业对社会责任认识的深度是其社会责任工作的态度表现，也是其内在动力。近几年来，政府及行业组织等从政策、法规方面不断推动，企业社会责任理念有所提高，但从少数民族地区的角度来看，与东部发达地区的企业相比，少数民族地区的企业社会责任意识较低，许多企业对社会责任管理和社会责任战略等议题还不太明晰，未来还需要进一步梳理理念和明确议题。越来越多的企业将陆续建立自身社会责任管理的原则和方针，以更加明确企业社会责任管理的范围，并表明高层管理者的支持。同时，为保证社会责任管理的有效实施，企业还需要建立独立于其他部门的社会责任管理部门，确保企业履行社会责任的效果。

2）企业文化建设

企业文化是企业可持续发展不可缺少的内部力量。文化的核心内容是价值观的养成与体现，价值观的引领需要从企业活动入手，有序的企业管理活动会整合社会责任的环境，进而可以使社会责任的履行向纵深方向发展。首先，企业要树立社会责任价值观，从管理层到员工都要明晰企业履行社会责任是必需的、首要的责任。其次，企业要提供与社会责任相关的培训，建立社会责任管理体系以及制定相关规章，把价值观转化为企业自觉自愿的行为。企业文化建设与价值观的养成不是朝夕之事，需要从制度到行为再到理念的不断加强与反复，首要的是行为的鼓舞，即管理层以身作则，对社会责任管理高度认可并有力推行。企业员工是企业的基础与主体，员工的行为体现着企业文化、价值观的发展程度。对少数民族地区的矿产资源型企业来说，现在社会责任的重点是环境保护、安全生产、劳资关系和谐等。

在我国，企业文化的确立也应以社会主义核心价值观来引领，为社会事业的发展多做贡献，争做模范的"企业公民"。

3）企业社会责任管理体系的设立与完善

制度化是企业社会责任履行的重要保障。所谓制度化，是指利用条例、文件的形式确定企业社会责任，以制度的效力来保证企业社会责任的履行。企业将社会责任作为一个综合性目标纳入其全局的发展战略，使社会责任管理获得很大的制度支持。企业承担社会责任离不开具体的管理活动，其内部经营管理活动需要把企业社会责任具体化、制度化，这种要求最终会上升为企业各种规章制度的形成，所以这些规章制度是企业活动的行为指南。规章制度的建立一定要站在服务于社会责任这个主题的高度上，用制度对企业的员工、管理者、大股东的行为进行规范。外部可以可持续发展议题、公司法、劳动法、环保法等法律、行业规范、企业道德对企业活动进行制约，内部可以（内部）规范来约束企业的行为，使企业积极地履行社会责任。完备的企业规章制度不仅会强化企业的内部控制、防范企业的经营风险，同时也有利于企业监督机制的有效运转，进而保证企业有效履行社会责任。此外，值得注意的还有法人治理结构问题。法人治理结构是企业内部控制、社会责任履行不可缺少的制度保证。所以基于此，企业为了自身的生存与发展，就一定要健全社会责任管理制度、完善社会责任管理体系、强化法人治理结构。企业的全面管理体系应充分考虑社会责任履行，在决策的制定、实行中，应充分考虑对社会与环境的影响，在追求利润和履行社会责任之间取得平衡。

4）从企业战略角度推行企业社会责任

可持续发展是企业以及社会的最终发展目标，放弃不可持续、旧有的生产方式和生活模式，使用新的有利于环境的模式是可持续发展的根本所在。从企业的长期发展来看，可持续发展、社会责任置于企业发展战略和管理过程中是社会潮流、历史变革的要求。在战略构建上，企业必须改被动为主动地去控制污染，选择清洁生产，努力进行创新，以达到环境保护的目的。企业在战略构建之后开展的社会责任管理过程中应摒弃粗放式管理，在意识与理念上将社会责任、清洁生产等纳入企业生产管理、质量管理的各个方面，建立有效、科学的管理制度。我国和谐社会的构建需要企业转变观念，承担应尽的社会责任。企业通过法人治理结构的转变、内部社会责任管理制度的建立与完善、内部控制制度的健全、企业文化的积累、企业道德与诚信的深化、可持续发展战略与社会责任战略的制定等，可使企业社会责任体系达到整合的目的，从企业作为社会一员的角度为构建和谐社会尽力尽责。

7.3.3　行业组织

行业协会作为社会团体或民间组织，是介于政府与企业间、商品生产者与经营者之间，并为其提供咨询、沟通、监督、自律、协调等服务的社会中介组织。中国的行业协会发展时间短，但发展速度很快。截至2012年年底，中国共有社会团体27.1万个，比上年增长6.3%；在社会团体中，行业协会近7万个，其中全国性行业协会有600余个。2006年以来，行业协会作为一个日益壮大的社会群体和社会中间层，已成为我国正在逐渐形成的"五位一体"的特色社会责任推进模式中的一员，在中国社会责任的发展中起着越来越重要的作用。

行业协会在推进企业社会责任方面具有独特的优势和影响力。行业协会的非营利性、中介性、自治性的特征，以及协调会员企业间的利益、参与制定行业标准、监督政策法规执行的职能，使其成为促进企业社会责任履行不可替代的社会力量①。随着对社会责任认识的不断加深，行业协会逐渐将社会责任作为加强行业建设、推动行业健康发展的重要内容和抓手，并将其作为提高会员服务能力的重要内容。

1）发布行业社会责任指南

据不完全统计，2006年以来，已有40余家行业协会（联合会）发布了行业社会责任指南或者公约。它们根据不同行业视角制定社会责任相关指引，规范、指导和监督行业企业履行社会责任，激励企业进行行业比较来提升社会责任实践管理水平，探索社会责任管理实践范式，推进企业积极主动地披露履责信息，使公众对企业社会责任的履行情况进行监督。

2）开展社会责任行业培训

我国企业对社会责任的认知度还不高，有些行业企业对社会责任的相关内容与管理还不太了解，在这种情况下，行业协会往往借助其相对丰富的社会资源，组织行业企业持续开展突出行业特色、内容全面丰富的社会责任培训，以推动企业深入了解行业社会责任指南和其他被广泛认可的国内外社会责任标准、社会责任管理模式、社会责任报告编制方法等。

例如，上海市经济团体联合会开展了5期企业培训活动，共500名企业管理者在社会责任方面接受了专家的培训及辅导。陕西省工业经济联合会于2011年11月举办了"陕西省工业企业社会责任报告编制培训班"，27家企业、5家行业协会的社会责任管理人员及省工经联专家咨询委员会的委员共50多人参加了培训，内容从企业履行社会责任的必要性开始，要求企业理解企业社会责任的概念以及现今我国社会责任发展的形势和如何编制、发布企业社会责任报告等。2012年2月和2013年3月，联合会连续两年组织部分会员企业赴北京参加中国工经联举办

---

① 中国企业发展报告2006—2013编写组.中国企业发展报告2006—2013［M］.北京：企业管理出版社，2014：57.

的"2012 企业社会责任报告编制培训班"和"2013 中国工业经济行业企业社会责任培训班"。

3）开展社会责任研讨与交流

2006 年以来，由行业协会以主办、承办等方式开展的社会责任研讨与交流活动越来越多，形式不断创新和丰富。这些研讨与交流活动对行业企业总结经验、吸取教训、学习先进起到了很大的促动作用。

4）开展社会责任绩效评价

社会责任绩效评价是行业协会提升行业企业社会责任管理水平的主要手段。部分行业协会制定行业社会责任绩效评价指标体系，突出行业履责重点，组织形式多样的社会责任绩效评价活动，鼓励先进，树立典型，传播优秀社会责任管理和实践经验，为先进企业提供业务推介等方面的优惠。

如中国银行业协会从 2011 年起连续三年组织开展年度中国银行业社会责任评选活动，通过工作组初审、专家委员会复审及网络票选、指导委员会终审三大阶段，以无记名投票的方式最终评选出社会责任相关领域工作开展扎实、成果表现突出的银行业金融机构代表。

5）推进行业企业社会责任报告的披露

部分行业协会利用网络平台、报纸、行业期刊等方式对社会责任报告进行披露，集中展示行业企业优秀社会责任报告，号召行业企业持续发布社会责任报告，促进报告发布机制的形成，在行业内逐渐形成报告促管理的良性循环。同时，部分行业协会也会统计自身行业发布的社会责任情况，表彰优秀企业，总结先进企业的管理方法与实践经验以及行业总体社会责任履行现状。据不完全统计，2006 年以来，已经发布社会责任报告的行业协会（联合会）达到 10 余家，搭建报告集中发布平台的行业协会（联合会）达 20 余家，通过行业协会（联合会）平台发布的社会责任报告数量逐年大幅增加。

7.3.4 媒体的积极参与

媒体是社会责任发展的重要推动力量，通过报道社会责任信息，使公众对企业社会责任的给予更多的关注，也让企业意识到，社会责任的报道与意识理念的传播对消费者购买产品、潜在投资者确定投资方向都具有重要影响。媒体对对企业缺失社会责任事件的报道，会公开部分企业对社会、环境、人们的健康安全等所产生的不利影响，引发公众的广泛热议与关注，对企业缺失社会责任的行为进行谴责。如富士康员工跳楼、上海染色馒头、瘦肉精、上海松江死猪等事件都是通过媒体的持续性报道才得以让公众广泛知晓的。这些信息保证了公众的知情权，能让公众对这些事件和涉及的企业进行客观评价。同时，媒体是正向推动力，推动企业在自身成长过程中，与社会和环境保持协调发展。

经常传播社会责任的媒体有"新华网"、"人民网"、《南方周末》、《公益时报》、《证券时报》、《21 世纪经济报道》、《WTO 经济导刊》、"企业社会责任中国网"、"中国企业社会责任机构指南"以及微博、微信等新媒体。其中，少数媒体成长为企业社会责任报道的专业媒体，经常持续、深入地进行企业社会责任的有关报道，并且进行企业社会责任相关问题的研讨。

7.3.5　专业评价机构的参与

与社会责任相关的专业机构作为企业社会责任报告的技术责任方，直接参与企业社会责任报告的编制准备、内容撰写、设计、发布等工作，帮助企业识别实质性议题、搭建报告框架，并对企业的社会责任报告进行评估，提出改进建议。

专业机构帮助企业制定企业社会责任战略，将企业社会责任上升到战略高度，服务于企业的整体目标、社会责任具体工作管理规划；通过社会责任视角帮助企业优化策略和流程，在经营管理活动中提升实现决策的透明度和科学性；协助企业研发社会责任管理手段与工具；为企业编制企业社会责任读本，激发员工的履责意识，引导员工对岗位价值的认知，传授员工履责的方式和方法，使员工成为践行企业社会责任的主力；帮助企业建立企业社会责任指标体系，更好地量化和评估企业创造的经济、社会和环境综合价值。

目前，我国还没有强制性的社会责任报告编制标准和审验标准，现有的社会责任报告审验均由企业自愿选择相关标准。社会责任报告审验有助于企业提升其报告的客观性和真实性，可帮助利益相关方确认报告验证企业用于管理和报告可持续发展信息的体系和基本流程是否可靠，为实施验证所选取的数据是否可以获得并可追溯，报告中披露的信息是否可靠，以及是否充分地阐述了企业当年与社会责任相关的政策、事件、活动与绩效等。

7.4　企业社会责任激励

社会责任激励是指政府综合考虑企业在经济、环境和社会领域的社会责任的表现，通过政策引导分别对社会责任履行优秀企业、缺失企业进行的政策上的正面、反面激励。代表相关利益群体表达诉求的社会团体、工会、公益组织等，对企业社会责任的履行情况进行监督，给社会责任履行缺失的企业以压力。在激励和监督的双重机制下，企业履责行为将被置于聚光灯下，从而鞭策企业自觉自发地履行社会责任。

如果企业在节约资源、保护环境等方面做的到位，国家、社会、公众就会对企业进行正面的激励，如财政补贴、信贷支持、税收减免等。这种正面的激励是政府、公众的一种褒奖，会给企业带来良好的口碑和顾客。反过来，如果企业不履行社会责任，那么最严重的负面激励可能导致企业破产。对社会责任激励的手段与措施有很多，对企业正面的激励手段具体包括如下几种：

7.4.1　社会责任履行优秀企业的表彰

矿产资源型企业在社会责任方面有突出表现的包括中国铝业、中国石化、五矿发展等企业，大部分是中央企业、国有企业。政府设立了"企业社会责任奖"、"推进企业社会责任特别贡献奖"等奖项，对履行企业社会责任优秀的企业和企业家进行表彰、奖励。此外，政府在各级党委和相关部门评选先进企业、优秀企业家以及推荐各级人大代表、政协委员、荣誉市民候选人时，会优先考虑社会责任履行好的企业。除荣誉奖励外，政府还在政府采购供应商选择和政府工程承包商竞标中，增设了企业社会责任标准。

7.4.2　社会责任履行优秀企业的税收减免

政府部门会通过减免税收、减少检查、优先采购等政策扶持履行社会责任的企业。例如，江苏省常州市以政府名义设立了"常州市企业社会责任奖"，获得该奖项的单位，3年内在劳动、工商、安全生产等方面免于年检，并可在同等条件下优先享受政府的相关优惠政策，同时将企业承担社会责任的情况作为评选全国五一劳动奖状、评选企业家劳模的重要条件①。

国家对通过公益捐赠履行社会责任的企业进行的正面激励有税收减免、税收优惠等，涉及的法律、法规有《中华人民共和国企业所得税法》、《中华人民共和国公益事业捐赠法》、《关于企业等社会力量向中华社会文化发展基金会的公益救济性捐赠税前扣除问题的通知》、《关于企业等社会力量向红十字事业捐赠有关所得税政策问题的通知》。

《中华人民共和国公益事业捐赠法》第26条规定：境外向境内公益捐赠减征或者免征进口关税和进口环节的增值税。《中华人民共和国企业所得税法》第9条规定：企业发生的公益性捐赠支出，在年度利润总额12%以内的部分，准予在计算应纳税所得额时扣除。《关于企业等社会力量向中华社会文化发展基金会的公益救济性捐赠税前扣除问题的通知》规定：企业等社会力量通过中华社会文化发展基金会对文化事业的捐赠，其捐赠额在年度应纳税所得额10%以内的部分，可在计算应纳税所得额时予以扣除。财政部、国家税务总局《关于企业等社会力量向红十字事业捐赠有关所得税政策问题的通知》规定：企业向红十字事业、农村义务教育、中华健康快车基金会、宋庆龄基金会、农村寄宿学校建设工程等捐赠，在计缴企业所得税时准予全额扣除（100%）。

在科技创新方面，我国目前的规范性文件主要有《国家高新技术产业开发区税收政策》、《国家高新技术产业开发区若干政策的暂行规定》、《国家税务总局关于高新技术企业如何适用税收优惠政策问题的通知》以及《中华人民共和国企业所得税法》（关于研发投入的税收抵

---

① http://politics.people.com.cn.

扣、技术设备更新的加速折旧）等。

对于环境保护、节约资源、劳工权益保护，《中华人民共和国企业所得税法》第 27 条规定：企业从事符合条件的环境保护、节能节水项目的所得，可以免征、减征企业所得税；第 33 条规定：企业安置残疾人员等相关人员的工资支出，可以在计算应纳税所得额时加计扣除；第 34 条规定：企业购置用于环境保护、节能节水、安全生产等专用设备的投资额，可以按一定比例实行税额抵免。

7.4.3 其他正面激励

例如，浦东新区推出了一系列优惠政策，激励企业积极履行社会责任，对社会责任达标企业的主要激励政策包括：申请科技发展基金资助的企业和申请贷款担保、技改贴息等的中小企业，在同等条件下优先考虑；在同等条件下，政府可优先采购其产品和购买其服务；简化企业境外直接投资的外汇管理手续；规定期间内可以免除劳动保障监察机构的日常巡查和专项检查，免除劳动保障监察协管员实施的上门监督；规定期间内日常监察（测）频次减半；在同等条件下，优先推荐和扶持申报中国名牌、上海名牌和国家免检产品；优先考虑作为检验检疫新模式试点企业，并将其出入境货物纳入报检便捷通道；给予报关、企业年检、各类认定、补贴资助、项目引进和租房等方面的便利措施。

7.5 企业社会责任推进的国外成功经验借鉴

7.5.1 国外政府的有益做法

1）瑞典

瑞典长期由社会民主党执政，遵循社会民主主义路线，采取福利国家政策，在社会理念、行为准则和社会舆论方面形成了对社会责任的高度认同。这种观念的认同，就成为政府、企业和其他社会组织通过管理理念和组织行为实践企业社会责任的根本基础。

近年来，瑞典政府关注并倡导企业承担社会责任，从战略视角、政策实践等方面对企业社会责任的推进进行了系统的部署。例如，制定与部署企业社会责任战略、制定政府内部社会责任相关机构的相互协调机制、从政府层面对企业实施社会责任进行指导与帮助等。

瑞典政府把社会责任推动机构设在了外交部，具体工作部门是"可持续发展全球责任伙伴计划"办公室。它的工作主要包括三个方面：首先是对政府各部门间的政策和措施进行相互协调，要求政府颁布的政策具有相互一致性。其次是通过举办各种政府、非政府活动（研讨会、在互联网发布相关信息、专家讨论等形式），对社会责任相关问题进行介绍、推广、研讨，以期企业、全社会等各个方面对社会责任问题进行深入了解。最后是通过驻外使馆与投资商、生产商沟通，在国际范围内推动瑞典企业和交易国企业在所属地积极履行应承担的社会责任。

瑞典政府在法律范畴内不强制企业履行社会责任，认为企业履行社会责任从本质上看应是自愿性的行为，所以政府不可以直接干预。对于社会责任，政府在法律环境、严格执法、监察上有所作为，而不是用行政手段去硬性规制。同时，政府作为国有企业的最大股东，应对自己出资的国有企业提出社会责任方面的硬性要求；对于非国有企业，则应通过政策宣传、舆论加以引导。在国有企业方面，瑞典政府首要的要求是企业对社会责任信息提高透明度，企业行为要受到公众的监督；其次是企业社会责任要按照可持续发展的原则来履行。另外，政府还利用信贷等手段来激励企业履行社会责任，惩戒违法违规行为。

2）德国

德国是联邦议会制国家，也是欧洲人口最多的国家，1990 年东德和西德的统一是德国近代史上最具影响力的事件，并对国家政治和经济的各个层面都产生了影响。作为一个保守型福利国家，德国通过制定一系列严格的法律、法规给公民提供高水平的社会福利。各种劳动和社会法以及公司治理法共同营造着德国的商业环境。德国的经济以社会市场经济为主，目标是尽可能兼顾自由与社会公平。由于拥有发展良好的企业组织结构以及力量强大的相关利益群体，德国在国际社会中具有强烈的参与精神。相应的，协会和倡议组织之类的社会组织对德国社会的形成也产生了重要作用。

企业社会责任逐步成为德国政府关注的一项政策内容，德国联邦劳工和社会事务部负责企业社会责任事务。德国于 2009 年创立了国家企业社会责任论坛，旨在支持政府制定企业社会责任战略。该论坛由来自政府部门、私有企业、商会、非政府组织和学术界的 44 位代表组成。最初的任务是为政府制定企业社会责任战略提供意见和帮助。2010 年 6 月，它发布了关于《国家企业社会责任行动方案》的建议报告。该行动方案旨在在公司中纳入更多的企业社会责任实践。它将重点放在中小型企业身上，以不断推进其商业环境下的企业社会责任。国家企业社会责任论坛今天仍然活跃于组织会议、峰会和活动，同时还颁发德国企业社会责任奖。

2010 年 10 月 6 日，德国出台了国家 CSR 战略——德国联邦企业社会责任行动计划。其内容框架是：在全社会营造适合企业履行社会责任的氛围，推动竞争制度框架的建立，以确保企业可通过积极履行社会责任来构筑竞争优势。同时，特别鼓励中小企业和消费者都参与到企业社会责任建设中。其主要目标包括两个方面：一是提升企业社会责任在公众心目中的认知程度，进而在国内外强化德国企业社会责任的特色；二是为实现全球化背景下生态环境保护与经济社会协调发展作出贡献。"行动计划"设定了与企业社会责任活动实践有关的目标、课题、公约和措施等内容。

另外，优秀的公司实践和企业社会责任先驱以及战略伙伴关系都是传播企业社会责任的渠道。德国政府的主要目标之一是在其网站的帮助下提高企业社会责任的可视性和可信度，使消费者、投资者和公众关注并回报那些履行企业社会责任的公司。此外，企业社会责任应该更好地与教育界、学术界和研究相结合。德国政府计划在国际背景和发展政策中增强企业社会责任，也将通过不同的奖励措施、政策和报告来创造一个企业社会责任友好型环境。

3）日本

2005 年 2 月 16 日生效的《京都议定书》（Kyoto Protocol），又译为《京都协议书》、《京都条约》，全称是《联合国气候变化框架公约京都议定书》，是《联合国气候变化框架公约》（United Nations Framework

Convention on Climate Change，UNFCCC）的补充条款。其目标是"将大气中的温室气体含量稳定在一个适当的水平，进而防止剧烈的气候改变对人类造成伤害"。1997 年 12 月公约在日本京都通过，并于 1998 年 3 月 16 日至 1999 年 3 月 15 日间开放签字，共有 84 国签署，到 2009 年 2 月，一共有 183 个国家通过了该公约（超过了全球排放量的 61%）。

日本在《京都条约》生效之后，以持续性发展、低碳经济为目标，在各个方面进行了一系列改革。

首先，构筑低碳、可持续性经济社会的理念。日本环境省每年都发布环境白皮书，强调循环性社会、生物多样性的重要性以及政府的动向，在全社会树立保护环境、低碳生活的理念。具体包括：从儿童开始，创设各种活动使其接近自然、了解人与自然和谐共存的必要性；向企业、行政机关、民间家庭倡导节能减排，实现环保意识、观念的转变。

其次，加强环境方面法制、法规的配套完善。2000 年，日本环境省颁布了研究成果《关于环境会计体系的建立》，对环境成本的分类和计量做了进一步补充，提出用货币和实物两种单位反映环境效果。至此，日本绿色会计框架初步形成。同年，日本环境省颁布了《环境会计准则（2000 年版）》，使环境会计在日本迅速普及。2002 年，日本环境省对《环境会计准则（2000 年版）》进行了修正，颁布了《环境会计准则（2002 年版）》。其内容包括环境会计的定义、职能、作用、构成要素。此外，还对环境会计质量作出了规定，包括相关性、可靠性、可比较性等。在环境会计信息披露方面，要求对环境因素进行专门的核算和报告，所提供的环境信息要资料可靠、数据准确、在指标口径上应具有横向可比性。之后，日本环境省又陆续颁布了《环境会计指南（2005 年版）》和《环境会计指南（2007 年版）》，对环境会计的参考标准做了更详细的规定，参考对象也由大型企业扩展到中小企业。

最后，日本政府在环境的各个方面都制定了详细的法案，如地球环境保护、大气环境保护、水环境保护法案，企业废弃物、家庭废弃物回收、利用的相关法案等。此外，日本还从社会长远发展的角度考虑，制定了《循环型社会形成推进基本法》。为了配合各项法律的实施，日本从 2011 年开始分阶段征收环境税。

7.5.2 国外企业的有益做法

1）瑞典

瑞典的大企业从其所处行业看，包括商业（宜家）、通讯设备制造业（索尼爱立信）、汽车业（沃尔沃汽车集团）、制造业（山德维克和利乐）；从企业规模看，这些企业都是年营业额百亿美元以上的大型跨国企业，在国际上属行业内的排头兵企业；从所有制形式看，既有家族企业，也有股份制企业。尽管这些企业在向外部介绍社会责任履行情况时没有一个介绍其内部维护职工权益的问题，但瑞典法律环境与工会力量、社会环境等因素的整合，使这些企业遵守基本劳工标准、环境等方面的法律、法规已经成为其正常经营的前提与基础。总的来看，这些企业都有较明确的守法和履行社会责任意识，有清晰的经营理念并正在逐步形成社会责任方面的管理体系，有履行社会责任活动的成功经验。虽然这些企业有诸多不同点，但它们也有共同之处，即守法、诚信、履行社会责任。这些企业对社会责任的履行主要有以下两点会在经营中明确：第一是提出并持续完善社会责任经营理念，第二是社会责任管理和工作机制的强化。

在瑞典，大企业通常社会责任履行良好，并有自己的理念与口号。但是有的企业只是近几年才开始关注社会责任问题，还有一些企业虽有值得称道的理念，但并未完全将其付诸实施。有些企业的员工甚至不知道、不了解公司在社会责任方面应该做的工作。凡此种种说明，即便在瑞典这样一个推崇企业履行社会责任的国家，企业社会责任也需要从大企业到中小企业这样一个逐渐推进的过程。

大多数瑞典企业都建立了社会责任管理机制，都会设立社会责任专门机构和社会责任相关制度以及社会责任披露体系，但对社会责任问题没有固定的处理、解决模式。

2）日本——以东芝集团为例

首先，东芝集团把环境保护作为经营发展的重要课题之一放在很重要的位置。1991 年，国际标准化组织建立了"环境特别咨询组"。1992 年，该咨询组向国际标准化组织提出了建议：采用与质量管理体系相同的原则，制定环境管理体系标准，以增强组织不断改进其环境行为的能力和对组织的环境管理能力进行评价。1996 年，ISO 14000 环境管理体系标准正式发布。在 ISO 14000 环境管理系列标准中，最重要的标准是 ISO 14001《环境管理体系——规范及使用指南》。它规定了组织建立、实施和改进"环境管理体系"的基本模式和要求，是任何一个组织的环境管理体系进行认证和自我鉴定及自我声明的依据。1997 年，东芝集团在日本国内的 16 个工厂全部取得了 ISO 14001 的环境认证，到 2011 年 6 月东芝集团的所有工厂都取得了 ISO 14001 的环境认证。

其次，环境会计的导入。东芝集团"环境会计"的概要如图 7-1 所示。其主要从减少制造商品的电力量、使用量后对顾客的影响，防止大气污染物排放对企业利润的影响，应对环境方面的法规从而加大企业成本后对企业利润的影响，企业废弃物处理、能源使用的减少对企业利润的影响 4 个方面进行考察。

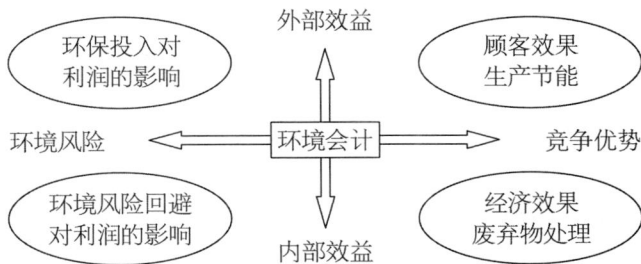

图 7-1　东芝集团环境会计概要示意图

资料来源　作者参照日本东芝集团网页制成.

环境会计致力于计算废弃物处理量、能源使用量的削减带来的经济效益，大气污染物等削减带来的视同经济效果，即以第 2 象限和第 4 象限为中心开展。2000 年，评估电费消费削减给用户带来的效果，即第 1 象限。2001 年，评估第 3 象限的风险规避效果等，最终构筑"数字化分析、评估环境保护活动、审议环境管理、环境风险判断"的环境会计体系，该体系能推动企业环境管理的综合化。今后，作为企业环境管理的指标，东芝将继续推进环境会计的应用。

对于环境会计所使用的环境指标，具体有环境保护费用、环境保护效果、环境投资比例、环境研发费用比例等。

环境保护费用——分类、计算标准参照日本环境省的"环境会计指针"（2005年度版）。东芝集团的环境保护投入（主要指环境和谐型产品的开发与研制费用）呈逐年增长趋势。2004年的费用总额与2003年相比增加了约4%，达到了389亿日元。环境保护投入、环境友好型产品（ECP）的增加，表明企业的可持续发展能力较强。

环境保护效果——在量化环境负荷效果的同时，进行金额标准计算。东芝集团的环境保护效果评价指标值呈现下降趋势。如2004年，环境保护效果费用由于海外新工厂开工建设造成环境负荷增大等原因，达到了204亿日元，比2003年减少了约18%（从2003年开始出现下降倾向）。

环境投资比例——环境投资额/同期总投资额，从东芝集团的环境报告书来看，其环境投资比例是逐年上升的（可以从环境保护费用表中得出当前的环境投资额）。如2004年，与环境相关的投资额占期间总投资额的比例为3.29%（2003年为3.13%）。

环境研发费用比例——环境研发费/同期总研究费，从东芝集团的环境报告书来看，其环境研发费用比例也是逐年上升的（可以从环境保护费用表中得出当前研究开发费的总额）。如2004年，与环境相关的研究开发费占期间全部研究开发费的比例为2.89%（2003年为2.48%）。

从长远的角度来考虑，提高环境投资比例及环境研发费用比例的目的在于将来获得较低的环境影响或较高的经济效益，有助于企业的可持续发展。

再次，环境审计的后续跟进措施。东芝集团从1989年开始进行集团内部的环境审计，在1993年建立了独立的审计基准和审计流程。主要的审计内容是：（1）对于环境活动，各个公司的推进体制及运转情况；（2）对环境活动的现场审计，即环境相关设施的企业标准是否能够严格执行；（3）VPE审计，即对被审查分公司的环境计划是否落实进行现场审查；（4）技术审计，即生产出的产品是否环保等。

从1993年开始，东芝集团的环境审计人员由集团内部人员培训产生。现在，环境审计人员都需要培训、考试、提出环境报告等。所需的环境方面的具体知识有：地球环境关联问题、与环境相关的法律法规、ISO 14001 的有关知识、环境科学与环境技术、东芝的环境推广政策等。截至 2010 年，在东芝集团，工厂环境审计人员有 167 名、产品环境技术审计人员有 101 名、国外环境审计人员有 40 名。

从 2006 年开始，东芝集团把企业全部组织纳入环境审计的范围内，第一部分是将国内的主要 10 家集团公司作为审计对象，对环境经营情况进行审计。第二部分是将全集团大约 40 个事业部中的 90 多个产品作为审计对象，进行产品环境技术审计。第三部分是将非制造部门、非子公司部门、工厂等大约 169 个部门作为审计对象，进行部门环境审计。通过这样自上而下的三层审计，每年的审计项目都有所增加，评价也逐渐变得标准化、严格化。2011 年，加入了大约 200 个审计项目，评价标准开始细分化，分为 1～5 个评价标准，要求各个部门依据以前年度的评价结果，依次向高等级标准努力。

最后，员工环保意识的培训。一个企业环境经营水准的高低取决于员工整体环保意识的强弱。东芝集团对环保的重视还体现在对员工的环境教育上，环保教育培训分为四个部分：第一是按照员工的任职部门进行培训，包括管理人员、一般人员、新参加工作人员；第二是一般培训；第三是专业性培训；第四是针对 ISO 14001 的培训。环保培训，是要求全员必须参加的企业基本活动。培训内容每年必须要有所更新，要有最前沿的环保信息、环保法规的传递与认知。

第8章 推进少数民族地区矿产资源型企业社会责任的政策与建议

企业社会责任的全面推进是一项特别复杂的系统工程，除了需要企业强化自身的社会意识外，还需要消费者、员工、非政府组织、媒体、社区特别是政府相关管理部门的积极参与和配合。

8.1 政府推进政策建议

8.1.1 少数民族地区政府应从战略视角建设社会责任

企业社会责任涉及经济、社会、环境各个领域，企业能否有效地承担起社会责任，政府是一个至关重要的因素。浙江省、山东省、陕西省、深圳市、石家庄市等地方政府都出台了企业履行社会责任的指导性文件。上海浦东新区成立了企业社会责任办公室，开通了上海浦东新区企业社会责任网。部分地区还探索通过制定 CSR 地方标准、设立企业社会责任奖等措施推进企业社会责任建设。

企业社会责任是企业实施可持续发展的重要路径，是建设和谐社会的重要内容，与转变经济发展方式的内涵高度一致。因此，推进企业社会责任建设需要地方政府主要领导的充分重视，需要从地方落实科学发展观的高度来认识，加快本地区社会责任推进政策的制定，进一步加强企业社会责任的组织机构建设。

8.1.2 少数民族地区应设立独立机构负责企业社会责任建设

企业社会责任涉及劳动保障、产品质量、安全生产、环境保护等多个领域，许多政府部门都与其有关，但任何一个部门也难以单独推进。因此，国家应统筹各部门和各地方的力量，结合中国国情和中国企业发展的阶段性特征，明确长远规划和工作计划，提出目标、任务和措施，有重点、有步骤地推进中国特色的企业社会责任建设。同时，在企业社会责任推进过程中，政府需要在标准制定与实施、监督与处罚等方面切实担负起规制者、推进者、监督者的职责。企业社会责任监管与推进体系如图 8-1 所示。

地方政府应根据本地区企业社会责任的实际发展情况，成立专门的推进企业社会责任的组织机构，由一个政府部门牵头，其他部门协调配合。如上海浦东新区、山东烟台开发区、江苏无锡新区、浙江温州等都由经济主管部门牵头，浙江义乌、广东深圳市分别由工会和劳动保障部门牵头，山东威海开发区、山东禹城市由工商部门牵头，地区其他部门发挥配合作用。对于少数民族地区资源型企业社会责任的推进，应该由地区发改委环境处牵头，其他部门予以配合。

8.1.3 少数民族地区推行社会责任应结合地区实际

地方政府推进企业社会责任建设的政策主要分为激励措施、促进措施、合作措施、监管措施，目前各地政策多集中在促进措施上，反映出在推进企业社会责任建设中政府的引导作用。建议各地政府在加强引导的同时，考虑政策的完整性，增强企业履行社会责任的积极性和提高社会责任能力的主动性，政策的制定应该充分考虑本地区的实际情况。如温州的政策应更多地考虑民营企业特点，义乌的政策应更多地关注中小企业发展，无锡新区的政策要更多地贴近外资企业需求等。少数民族地区应充分考虑企业的发展模式与方向，努力改善投资环境，促进企业科技创新。对资源型企业来说，应注意环境节约、清洁生产、安全生产、少数民族地区的稳定发展。少数民族地区政府应转变政府职能，提升政府的公信力、执政能力。

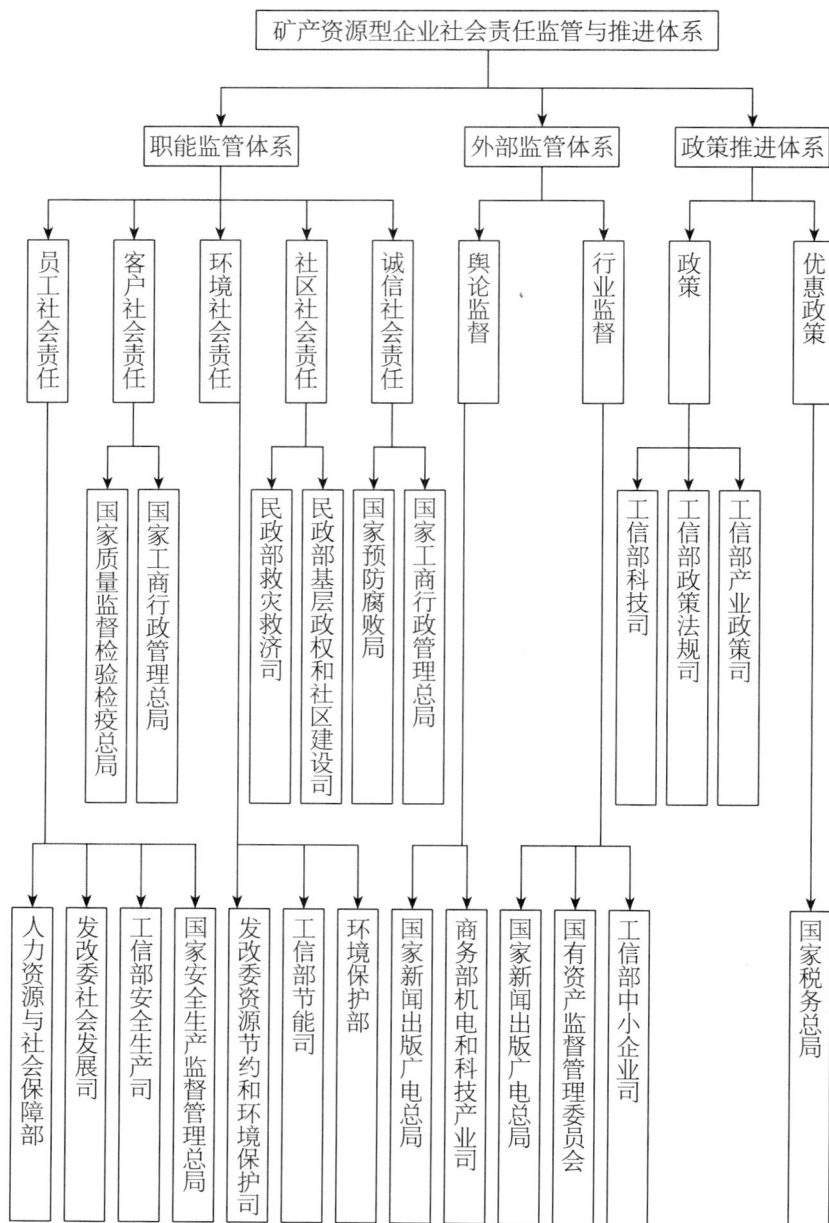

图 8-1 企业社会责任监管与推进体系

8.1.4 少数民族地区应尽早推出企业社会责任政策

通过对沿海地区企业社会责任政策推行效果的关注，我们可以发现各地推进企业社会责任建设对企业产生的显著影响：企业对社会责任的认识更加深入、全面和系统，各地企业已经不同程度地把企业社会责任与日常管理相融合。某些地区通过开展企业社会责任建设，企业综合竞争力提高了，有效地降低了国际金融危机造成的不利影响。少数民族地区首先应出台推进企业社会责任建设的指导性文件、企业社会责任指导守则、企业社会责任评估体系等。具体措施包括激励措施、促进措施、合作措施、监管措施，详细见表8-1。

表8-1　　　　　　地方政府企业社会责任推进的具体措施

激励措施	促进措施
◇ 表彰先进、物质/荣誉奖励	◇ 建立企业社会责任评价体系
◇ 金融服务（贷款）支持	◇ 推动发布企业社会责任报告
◇ 政府采购优惠	◇ 推动建立社会责任管理体系
◇ 商业活动及贸易便利等	◇ 建立企业社会责任地方标准
	◇ 加强宣传/研讨、营造氛围
合作措施	监管措施
◇ 与专业机构、社会团体等建立合作关系	◇ 制定监管机制
◇ 为企业提供社会责任专业服务（培训/咨询）	◇出台处罚措施

资料来源　http：//www.chinacsrproject.org/index_CN.asp.

8.1.5 从行政层面加强政策的可操作性——以社会责任评估为例

目前，各地基本建立起了企业履行社会责任的评估机制，其中大部分地区都以政府部门为主导。这种机制不但为政府部门增加了大量事务性工作，而且容易出现政府既是"主办者"又是"裁判员"的局面。建议在评估过程中，发挥第三方专业机构的优势和服务作用，使政府处于监督者的位置，保证评估机制的科学、公平、透明。目前，大多数地方政府在推进企业社会责任建设的过程中，对发挥第三方专业机构的服务功能重视不够。鉴于政府部门的事务繁忙、人员紧张、专业不匹配等情况，应该充分发挥第三方专业机构为政府和企业提供专业服务的作用。但是，在发挥第三方专业机构服务作用的过程中，要以政府为主导，避免出现以单纯赢利为目的、增加企业负担的情况。

对于第三方评估，可借鉴上海浦东新区企业社会责任达标评估的具体做法，如图 8-2 所示。

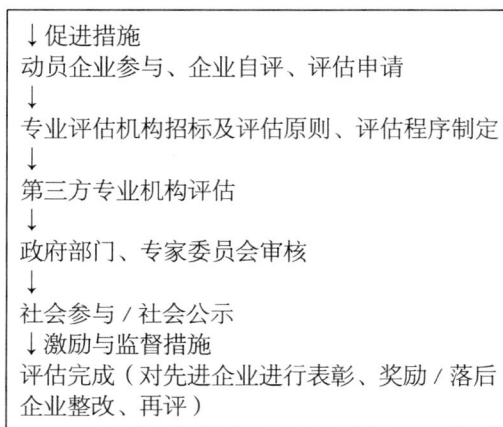

```
↓促进措施
动员企业参与、企业自评、评估申请
↓
专业评估机构招标及评估原则、评估程序制定
↓
第三方专业机构评估
↓
政府部门、专家委员会审核
↓
社会参与 / 社会公示
↓激励与监督措施
评估完成（对先进企业进行表彰、奖励 / 落后
企业整改、再评）
```

图 8-2　企业社会责任评估步骤

资料来源　上海浦东新区企业社会责任达标评估操作程序．

第三方评估公司由政府指定，所需费用由政府支付，以尽量降低企业履行社会责任的成本。第三方评估公司首先对通过初选的企业做一定的前期调研，然后到企业开展现场评估活动，对不同规模的企业开展现场评估所需时间不同：小公司约 2 天，大公司一般 4～5 天。评估开始前，政府部门相关负责人到场参与评估动员会；第三方评估公司签订保密承诺书；企业承诺提供的资料属实、不贿赂评估师等，确保评估活动公平、公正、客观进行。

浦东新区企业社会责任专业委员会主要由通过达标评估认定的企业、第三方评估机构、学术机构及相关组织、中介机构自愿组成，同时还吸收开展社会责任体系建设、申请认定的企业自愿参加。在企业社会责任达标评估中，专业委员会会对通过第三方评估的公司进行复评。此外，专业委员会还会派出辅导员到新申报认定企业组织开展培训工作。

8.1.6　注重政策的借鉴与总结

当前，各地方政府都十分重视推进企业社会责任建设工作，但也存在重视政策制定和执行、轻视政策成效总结和评估机制，导致相关政策成效缺乏总结和评估，特别是缺乏具有针对性的量化评估等问题。对于少数民族地区企业社会责任政策的推进，建议向处于政策"成熟阶段"的地方政府学习，加强政策成效的总结和评估，为下一步工作明确方向，也为其他地区提供宝贵经验。

8.2　行业组织推进建议

行业组织作为市场和国家之外的第三种治理机构，在促进企业社会责任履行方面有着不可替代的作用。其主要通过行业协会自律在行业内部的治理中发挥作用。

8.2.1　在行业内强化企业社会责任意识

行业组织通过办好行业内部社会责任治理刊物，宣传积极承担社会责任的企业，让社会责任意识深入每个企业治理者的心中，使他们明白企业因社会的存在而存在，企业不是"赚钱机器"，企业的成功不仅在于赚钱的多少，还在于对社会的回报。此外，还要将企业社会责任的推进作为各级行业组织的主要工作目标与重要内容。例如，开展年度评选、树立优秀企业典型、编制社会责任推进指导书籍、召开企业社会责任经验研讨会等。

8.2.2　制定行业内的社会责任履行制度与评价标准

在学习、借鉴国际社会责任标准 SA 8000 的基础上，行业组织应制定各行业的社会责任标准，以此来约束企业的履责行为。通过政府对行业组织社会公信力与认可度的提升，让行业组织加强企业社会责任的推进与宣传。政府也可以适度地下放权力给各级行业组织，使其有一定的号召力与政策推广力。

8.2.3 推动高级别社会责任咨询机构的设立和壮大

社会责任管理、社会责任报告的披露和社会责任绩效评价等专业化问题在企业实际经营管理中的不断扩展，需要有一批主要针对企业社会责任专业问题的咨询机构，开展咨询、制订计划、进行推广。其具体职能主要有：咨询企业推行社会责任管理与评价所遇到的具体问题，为企业自主开展社会责任管理活动提供政策建议与指导。

8.3 企业内部推进建议

随着经济的发展，政府和民众越来越关注企业的社会责任。矿产资源型企业由于被频频曝光的矿难事故和环境污染事件等负面新闻，更成为社会舆论的焦点。近年来，随着我国政府提出建立和谐社会的理念，社会公众对诸如机会平等、污染控制、能源和自然资源消耗、消费者和员工权益保护等问题也日益关注。企业社会责任问题已经越来越为理论界和实践界所重视，履行社会责任已经成为现代企业不可逃避的现实。

8.3.1 深化企业社会责任理念

首先，企业要增强社会责任意识，要深入理解企业社会责任的内涵、内容、作用、落实机制和实践方式，避免认识和实践误区；要充分认识企业社会责任对企业可持续发展的重要意义，不断增强社会责任意识。其次，要发挥企业领导的表率作用。企业管理层必须认识到推动企业社会责任履行的动力已经发生根本转变，这种转变集中体现为从外部力量的推动到企业内部提升管理水平的自觉追求。同时，企业管理层还应该正确认识和把握企业社会责任的理论内涵和特点，只有坚持科学的理解和认知，才能确保不会盲目推进。此外，企业管理层还必须从战略这个高度上予以重视，从培训、规划等能力建设层面进行推进，从而使社会责任理念不断深化，真正成为企业发展的内生动力。

8.3.2 创立特色的路径

许多企业履行社会责任的经验表明，结合自身优势、探索出富有自身特色的模式是一个可以尝试的路径。其关键在于如何紧密结合国情、行业特性和企业业务特点，在广泛的社会问题之中发现社会最为关注、选择与企业经营活动最为相关、对利益相关方具有重大或潜在影响、对可持续发展贡献最大的实质性议题，确定履责的重点，并适时对核心责任议题进行动态优化。这需要从社会责任的角度理解企业的特征，包括从事的行业、经营规模、所处环境、员工特点等，在充分了解利益相关方要求的基础上，以实现经济、社会和环境综合价值最大化为标准，科学界定企业的社会责任内容边界。其次，要将这个领域作为履责的重点，着力进行管理与关注。这样通过典型引领、重点推进的方式，让人们更加容易地看到社会责任工作的价值，吸引更多关注的目光，赢得更多的重视。

8.3.3 将社会责任融入企业管理工作

企业要将社会责任融入其战略制定和日常运营中。企业在制定发展战略、进行重大决策的过程中，要充分体现社会责任的理念和要求，综合分析其对企业自身、利益相关方和环境的影响，将社会责任融入战略制定、战略实施和战略评价中，实现对战略管理的全面优化；将社会责任的理念和要求融入企业的研发、设计、采购、生产、销售和售后服务等各个环节，实现负责任的业务运营；将社会责任的理念和要求融入企业人力资源管理、财务管理、市场营销、风险管理、业绩考核等企业运营的各个职能体系中，对职能管理进行优化，实现全方位融合。

以煤炭企业环境责任为例，煤炭企业作为经济主体，在经济活动中要追求经济利益，要向自然界索取自然资源，然后通过技术手段进行发电。在这一过程中，会产生烟气、粉煤灰、炉渣和废水等污染物，在开采过程中对水资源、土地、草场都有所破坏。一直以来，很多煤炭企业都消极地对待环境问题，但是在我国现阶段，环境问题已不再是一个国家的问题，基于"同一个地球"的理念，环境问题现在已成为一个全球性的问题。国际社会已制定许多公约来规范各个国家及企业的经营活动。

首先是出资者环境责任。出资者环境责任是指企业管理当局提供真实、完整、及时的环境会计信息，出资者根据以上信息，作出正确的投资决策。例如，日本在 2002 年建立了日本绿色基金（Japan Green Fund）和丘比特国际 SRI 基金，如果日本上市公司为追求更低廉的环境成本，向海外转移生产基地，基金管理者会减少持有该上市公司股票的份额。因此，股东在投资决策过程中，要从环保标准、对环境的影响等方面来考量，进而实现企业与社会、环境的和谐共处。

其次是经营者环境责任。企业的资本保值增值、环境问题的处理等主要通过经营者的控制来实现，以完成出资者的委托。因此，董事会的经营者环境责任主要表现为企业的责任承担。所以，企业在做经营决策时，必须把环境风险因素与实现企业价值最大化作为对等的量度进行考虑。这就要保证董事会成员要充分了解政府制定的与环境相关的法律、法规、产业政策、政府导向，把握和控制影响环境的因素，选择最优方案。

再次是管理者环境责任。基于循环经济的理念，企业生产经营中首先要推行清洁生产，其次是生产的全过程控制。就煤炭行业而言，在煤炭的生产和加工过程中，节电、节煤、节油、节水及煤矸石、煤层气（瓦斯）的综合利用、矿区环境污染治理、提高资源综合利用水平、加快推进资源再生利用产业化等方面还有大量急迫而艰巨的问题需要解决。

最后是内部绿色审计制度。内部绿色审计的功能是提升企业价值，对风险管理、控制及治理过程的有效性进行评价，帮助企业实现它的战略目标。内部绿色审计应着重履行其职责如下：第一是评价企业管理者在环境事项的相关处理上是否合法合规；第二是识别生产经营过程中的潜在环境风险，详细记录环境控制设计、运行状况并作出相应评价，及时报告给董事会或审计委员会。第三是对企业内部控制制度间的有效性和执行的合理性进行评价。

8.3.4 借鉴行业领头企业的有效经验

企业应参照国内外标准，结合行业特征，在现有的经营管理指标的基础上，优化形成社会责任指标体系；与国内外先进企业的社会责任指标对照，及时发现自身存在的弱项和短板，不断加以改进，提升管理水平；积极探索社会责任绩效评价，将社会责任核心指标纳入企业整体绩效考核中，有效地发挥评价对提升社会责任工作水平的重要作用。对资源型企业来说，可以参照五矿发展、神华集团社会责任的推行政策与方针，积极推进、展开本企业的社会责任履行活动。

8.3.5 加强利益相关方的相互沟通

企业除了应积极采取传统的信息告知、研讨会、对话交流、共同行动等方式及时与利益相关方沟通、增进共识外，还应该广泛利用微博、微信、企业官网，并结合社会责任周（日）、社会责任示范基地等方式加强信息披露，传播企业社会责任理念，及时公布企业社会责任履行情况，争取利益相关方的理解和支持。

第9章 研究结论

　　企业社会责任的履行是企业可持续发展的动力，也是社会可持续发展的必然选择。本书以少数民族地区矿产资源型企业为例，对企业社会责任推进机制进行了研究，得出了以下结论：

　　第一，企业社会责任在一定的历史条件下产生，伴随经济的发展、社会需求的不断变化，其涵盖的内容也逐渐增多。对少数民族地区矿产资源型企业来说，行业的不同使得企业社会责任的重点不尽相同，企业履行社会责任的方法与措施也会有所不同。

　　第二，在特色各异的诸多经济学理论中，利益相关者理论与契约理论由于自身的研究框架，在研究社会责任问题上具有可行性和优越性。本书以利益相关者理论为依据，阐述了少数民族地区矿产资源型企业社会责任的主要内容，包括环境责任、劳动者（安全生产、职业病防范）责任和社区责任。

　　第三，在市场经济条件下，企业是追求利益最大化的"经济人"。企业履行社会责任势必会增加成本，但同时也会获得声誉提高、政府的政策倾斜等无法用货币计量的收益。在遵循法律、法规的基础上，企业需要在履行社会责任的成本与收益之间进行权衡，实现自身利益的最大化。

第四，对于少数民族地区矿产资源型上市公司，其信息披露内容包括了企业社会责任报告的披露。研究发现，企业自愿披露社会责任信息的意愿并不强烈，披露的内容也不规范，文字描述过多，数据表述少，且不能保证真实性，也不具有完全可比性。因此，企业社会责任报告需要政府予以统一规范，而且需要第三方予以审验。矿产资源型企业属于重污染、高危险企业，整个生产经营活动的大部分环节都会给环境、员工造成重大影响，要想清晰准确地反映其对环境、员工的影响程度，需要在财务会计报告中列示社会责任报告，并强制企业在网络等媒介中进行披露。

第五，对少数民族地区矿产资源型企业社会责任评价现状的研究发现，目前尚没有1家少数民族地区矿产资源型企业进入企业社会责任指数评价的中国100强CSR发展指数。在证券交易所评级模式中，上海证券交易所100家社会责任指数的样本企业中也没有1家少数民族地区矿产资源型企业；在深圳证券交易所100家社会责任指数的样本企业中只有"露天煤业"1家企业。

以上结果说明，少数民族地区矿产资源型企业在社会责任履行方面与沿海地区的先进企业相比仍然存在许多差距。缩小差距或赶超先进企业，需要地方政府与行业组织针对行业特点制定社会责任的有关法规以及披露的具体操作方法，先试点试行，摸索经验，随后改进推广。

第六，受各地经济发展水平不平衡的制约，少数民族地区企业管理水平相对落后。少数民族地区的地方政府应该借鉴东部发达地区的做法，并结合民族区域特色，把企业社会责任与本地区的经济发展战略相结合，设置专门的机构管理企业社会责任的具体事项，尽快制定适合少数民族地区发展的企业社会责任政策。政策措施应包括促进措施、激励措施、合作措施、惩戒措施等，而且要确保各项政策措施的有效执行与监管。

企业社会责任在中国依然是一个需要深入研究的热点问题，由于能力、时间、专业所限，本书研究的内容还不够全面，如本书没有涉及中小企业社会责任的问题、对企业社会责任的绩效评价也没有进行实证检验等，这些不足在今后有待于进一步完善。

附录　本书涉及的法律

本书涉及的法律如下：

1.《中华人民共和国环境保护法》

2.《中华人民共和国工会法》

3.《中华人民共和国公司法》

4.《中华人民共和国消费者权益保护法》

5.《中华人民共和国劳动法》

6.《中华人民共和国捐赠法》

7.《中华人民共和国职业病防治法》

8.《中华人民共和国安全生产法》

9.《中华人民共和国清洁生产促进法》

10.《中华人民共和国行政许可法》

11.《中华人民共和国矿产资源法》

12.《中华人民共和国煤炭法》

13.《中华人民共和国循环经济促进法》

主要参考文献

[1]卡罗尔，巴克霍尔茨.企业与社会：伦理与利益相关者管理[M].黄煌平，等.译.北京：机械工业出版社，2004.

[2]陈宏辉.企业的利益相关者理论与实证研究[D].浙江大学：浙江大学管理学院，2003.

[3]陈佳蜻.石油企业社会责任评价体系结构研究[J].科技创新导报，2008（7）.

[4]韩亚琴.企业社会责任分级模型及应用[D].重庆大学，2006.

[5]沈艺峰，沈洪涛.论企业社会责任与相关利益者理论的全面结合趋势[J].中国经济问题，2003（2）.

[6]宋超英，朱强.资源型企业发展路径研究[J].经济纵横，2006（9）.

[7]邓子纲.和谐社会与民营企业的社会责任[J].中小企业管理与科技，2007（11）.

[8]刘瑛华.从SA 8000看国际企业社会责任运动对我国的影响[J].管理世界，2006（6）.

[9]辛杰.企业社会责任研究——一个新的理论框架与实证分析

[M].北京：经济科学出版社，2010.

[10]李新娥.企业社会责任和企业绩效——企业社会回应管理视角[M].北京：经济管理出版社，2010.

[11]刘俊海.公司的社会责任[M].北京：法律出版社，1999.

[12]卢代富.企业社会责任的经济学与法学分析[M].北京：法律出版社，2002.

[13]屈晓华.企业社会责任演进与企业良性行为反应的互动研究[J].管理现代化，2003（5）.

[14]林军.企业社会责任的社会契约理论解释[J].新华文摘，2004（24）.

[15]刘长喜.利益相关者、社会契约与企业社会责任[D].复旦大学，2005.

[16]李立清，李燕凌.企业社会责任研究[M].北京：人民出版社，2005.

[17]国际标准化组织.ISO 26000社会责任指南中文标准[S].国家标准化管理委员会，译.中国标准化研究院，2010.

[18]李伟阳.社会责任定义：掌握ISO26000标准的核心[J].WTO 经济导刊，2010（11）.

[19]蒋德启，田治威，刘诚.中国林业企业社会责任报告研究[M].北京：经济管理出版社，2011.

[20]陈英.企业社会责任理论与实践[M].北京：经济管理出版社，2009.

[21]贾生华，陈宏辉.利益相关者的界定方法述评[J].外国经济与管理，2002（5）.

[22]吉海涛.利益相关者视角下资源型企业社会责任研究[D].辽宁大学，2010.

[23]万建华，戴志望，陈建，等.利益相关者管理[M].深圳：海天出版社，1998.

[24]李心合.面向可持续发展的利益相关者管理[J].当代财经，2002（1）.

[25]赵德志，赵书科．利益相关者理论及其对战略管理的启示[J]．辽宁大学学报：哲学社会科学版，2005（1）．

[26]陈宏辉．企业的利益相关者理论与实证研究[D]．浙江大学，2003．

[27]杜静然．基于演化经济学理论的会计准则变迁研究[M]．北京：经济科学出版社，2013．

[28]曹凤月．企业社会责任的范围[J]．工会论坛（山东省工会管理干部学院学报），2004（3）．

[29]景云祥．回应挑战：全球企业社会责任运动中中国的对策选择[J]．甘肃社会科学，2001（10）．

[30]周云峰．论政府在企业社会责任中的作用[J]．地方财政研究，2008（7）．

[31]肖华，李建发．现代环境会计问题、概念与实务[M]．大连：东北财经大学出版社，2004．

[32]李心合，等．中国会计学会环境会计专题研讨会综述[J]．会计研究．2002（1）．

[33]李建发．我国企业环境报告：现状、需求与未来[J]．会计研究，2002（4）．

[34]肖维平．环境会计基本理论研究[J]．财会研究，1999（7）．

[35]孟凡利．论环境会计信息披露及其相关的理论问题[J]．会计研究，1999（3）．

[36]肖华．企业环境报告研究[D]．厦门大学，2002．

[37]耿建新，刘长翠．企业环境会计信息披露及其相关问题探讨[J]．审计研究，2003（11）．

[38]财政部会计准则委员会．会计基本假设与会计目标[M]．大连：大连出版社，2005．

[39]杜兴强，章永奎．财务会计理论[M]．厦门：厦门大学出版社，2005．

[40]凡勃伦．有闲阶级论[M]．蔡受百，译．北京：商务印书馆，

1964.

[41]葛家澍.财务会计理论、方法、准则探讨[M].北京:中国财政经济出版社,2002.

[42]葛家澍,杜兴强.财务会计理论:演进、继承与可能的研究问题[J].会计研究,2009(12).

[43]李永臣,戴立新.企业环境会计实务框架选择[J].经济研究导刊,2005(11).

[44]世界环境与发展委员会.我们共同的未来[M].长春:吉林人民出版社,1997.

[45]李祥义.可持续发展战略下绿色会计的系统化研究[J].会计研究,1998(10).

[46]顾署生,王建辉.环境信息披露问题研究[J].企业经济:财务会计版,2005(12).

[47]葛家澍,李若山.九十年代西方会计理论的一个新思潮——绿色会计理论[J].会计研究,1992(5).

[48]李新华.环境信息披露问题探析[J].会计之友,2007(5).

[49]陈元媛.浅谈环境信息披露的形式[J].会计之友,2007(1).

[50]方丽娟,耿闪清.我国工业企业环境信息披露的对策建议和具体设计[J].会计之友,2008(8).

[51]葛家澍.试论经济学是财务会计的基础[J].江西财经大学学报,2010(4).

[52]哈耶克.法律、立法与自由(第一卷)[M].邓正来,等.译.北京:中国大百科全书出版社,2000.

[53]郭道扬.会计史研究——历史、现实、未来(第二卷)[M].北京:中国财政经济出版社,2004.

[54]西蒙.管理行为[M].2版.詹正茂,译.北京:机械工业出版社,2000.

[55]翟春凤,赵磊.我国企业环境会计信息披露存在的问题及对策[J].中国市场,2007(31).

[56]邵毅平,高峰.关于我国企业环境会计绩效信息披露问题的

研究[J].财经论丛,2004(2).

[57]康芒斯.制度经济学[M].于树生,译.北京:商务印书馆,1983.

[58]雷光勇.会计契约论[M].北京:中国财政经济出版社,2004.

[59]耿闪清,方丽娟,王天东.企业环境信息披露研究述评[J].财会月刊,2007(8).

[60]杨晓玲,朱艳,王亚楠.探析环境会计信息披露[J].集团经济研究,2006(3).

[61]内蒙古自治区统计局.内蒙古统计年鉴2010(光盘版)[M/CD].北京:中国统计出版社,北京数通电子出版社,2011.

[62]中华人民共和国国家统计局.中国统计年鉴2002—2009[M].北京:中国统计出版社,2010.

[63]内蒙古自治区统计局.内蒙古统计年鉴2002—2009[M].北京:中国统计出版社,2010.

[64]刘玉廷,中国改革开放三十年回顾与展望——我的经历、体会与认识[J].会计研究,2009(1).

[65]查特菲尔德.会计思想史[M].文硕,董晓柏,王骥,等.译.北京:中国商业出版社,1989.

[66]诺斯.制度变迁的理论:概念与原因[M]//陈昕.财产权利与制度变迁——产权学派与新制度学派译文集.上海:上海人民出版社,1994.

[67]钱颖一.理解现代经济学[J].经济社会体制比较,2002(2).

[68]樊纲.走向低碳经济:中国与世界——中国经济学家的建议[M].北京:中国经济出版社,2010.

[69]金碚,李钢.企业社会责任公众调查的初步报告[J].经济管理,2006(3).

[70]何少娟.环境会计的创立与研究的实证分析[J].商业研究,2005(3).

[71]肖序.环境会计理论与实务研究[M].北京:机械工业出版

社，2007.

[72]赛娜.上市公司环境会计信息披露问题研究[J].财会通讯，2011（4）.

[73]格瑞，贝宾顿.环境会计与管理[M].王立彦，耿建新，译.北京：北京大学出版社，2004.

[74]魏素艳，等.环境会计相关理论与实务[M].北京：机械工业出版社，2006.

[75]青木昌彦.比较制度分析[M].周黎安，译.上海：上海远东出版社，2004.

[76]汪丁丁.制度创新的一般理论[J].经济研究，1992（5）.

[77]斯科特.财务会计理论[M].陈汉文，夏文贤，等.译.北京：机械工业出版社，2006.

[78]斯密.国富论[M].王亚南，等.译.北京：商务印书馆，2011.

[79]杨雄胜.追寻会计学术灵魂、召唤会计理论良知[J].会计研究，2009（12）.

[80]王雄元.上市公司信息披露策略研究[M].北京：中国财政经济出版社，2008.

[81]徐光华.企业社会责任的战略绩效评价体系研究[J].现代经济探讨，2007（5）.

[82]刘春和，等.会计信息披露及监管问题研究[M].沈阳：东北大学出版社，2006.

[83]陆庆平.以企业价值最大化为导向的企业绩效评价体系——基于利益相关者理论[J].会计研究，2006（3）.

[84]王华.财务会计研究前沿[M].北京：机械工业出版社，2008.

[85]上海证券交易所发展研究中心.中国公司治理报告（2008）：透明度与信息披露[M].上海：复旦大学出版社，2008.

[86]中国企业联合会课题组.企业竞争力指标体系的开发与应用[J].经济与管理研究，1999（5）.

[87]顾久炜.构建环境会计体系 走可持续发展之路[J].会计之友，2011（8）.

[88]徐光华，陈良华，王兰芳.战略绩效评价模式——企业社会责任嵌入性研究[J].管理世界，2007（11）.

[89]温素彬，薛恒新.基于科学发展观的企业三重绩效评价模型[J].会计研究，2005（6）.

[90]和伟红.循环经济对环境会计建立的影响[J].山西财经大学学报，2010（4）.

[91]吉布森.财务报告分析——利用财务会计信息[M].马英麟，等.译.北京：中国财政经济出版社，2002.

[92]刘凤军，杨威，王谬莹，等.中外企业社会责任研究综述[J].经济研究参考，2009（12）.

[93]雷夫辛，等.财务报告与分析[M].阎达五，等.译.北京：机械工业出版社，2004.

[94]周燕.环境会计存在的几个问题[J].经济论坛，2011（21）.

[95]刘俊海.公司的社会责任[M].北京：法律出版社，1999.

[96]侯文宣.关于绿色会计的几点思考[J].经济师，2008（4）.

[97]天津市人民政府外事办公室，南开大学，日本住友商事株式会社.企业的社会责任[M].天津：南开大学出版社，2008.

[98]耿建新.环境会计研究视角的国际比较[J].会计研究，2009（1）.

[99]项晶.浅谈煤炭企业环境成本控制[J].中国矿业，2009（2）.

[100]徐光华，周小虎.企业共生战略绩效评价模式研究[J].南开管理评论，2008（5）.

[101]贾生华，陈宏辉，田传浩.基于利益相关者理论的企业绩效评价——一个分析框架和应用研究[J].科研管理，2003（4）.

[102]程明辉.循环经济和我国企业循环经济的建立[J].会计之友，2010（3）.

[103]王利平，黄江明.现代企业管理基础[M].北京：中国人民大学出版社，1994.

[104]刘丽，刘晶.环境会计在煤炭企业的应用初探[J].会计之友，2008（7）.

[105]赵雯.企业经营综合评价指标体系研究[J].当代财经，1995（5）.

[106]朱学义.我国环境会计初探[J].会计研究，2009（4）.

[107]陈秋金.国家应考核企业对社会的贡献[J].财务与会计，1984（9）.

[108]宋献中.论财务管理的社会责任目标及相关财务指标体系的建立[J].四川会计，1997（8）.

[109]桑德.会计与控制理论[M].方红星，等.译.大连：东北财经大学出版社，2000.

[110]卢代富.公司社会责任的经济学与法学分析[M].北京：法律出版社，2002.

[111]财政部统计评价司.企业绩效评价工作指南[M].北京：经济科学出版社，2002.

[112]王丹.政府推进社会责任机制研究[D].华东政法大学，2009.

[113]黎友焕.企业社会责任研究[D].西北大学，2007.

[114]徐君.企业可持续发展的绩效评价体系构建[D].天津财经大学，2008.

[115]郭洪涛.中国企业社会责任比较研究[D].西南财经大学，2011.

[116]陈木兰.我国公司社会责任报告发展研究[D].暨南大学，2008.

[117]温素彬.基于可持续发展的企业绩效评价与方法研究[D].南京理工大学，2005.

[118]PATON W, LITTLETON A.An introduction to corporate accounting standards[M]. Sarasota, FLA: American Accounting Association,1940.

[119]WATTS R, ZIMMERMAN J.Positive accounting

theory[M].Edgewood Cliffs, NJ: Prentice Hall, 1986.

[120]CAREY J. The rise of the accounting profession[M]. New York: AICPA,1969.

[121]HENDRIKSEN E.Accounting theory[M].Homewood: Richard D Irwin Inc, 1965.

[122]ELKINGTON J. Cannibals with forks: the triple bottom line of 21st Century business[M]. Oxford, UK: Capstone Publishing, 1998.

[123]CARROLL A. A three-dimensional conceptual model of corporate performance[J].Academy of Management Review, 1979, 4 (4) .

[124]Committee for Economic Development.Social responsibilities of business corporations[M]. New York: Committee for Economic Development, 1971.

[125]DODD JR E. For whom are corporate managers trustees? [J]. Harvard Law Review, 1932, 45 (7) .

[126]ANSOFF H. Corporate strategy[M].New York: McGraw—Hill, 1965.

[127]FREEMAN R. Strategies management : a stakeholder approach[M]. Boston: Pitman, 1984.

[128]MITCHELL R, AGLE B, WOOD D. Toward a theory of stakeholder identification and salience: defining the principle of who and what really counts[J].Academy of Management Review, 1997 (22) .

[129]MACKAY E.Environmental problems in China estimates of economic cost[M]. New York: East—West Center Special, 1996.

[130]BEETS S, SOUTHER C.Corporate environmental reports: the need for standardsand an environmental assurance service[J].Accounting Horizons,1999 (2) .

索引

后记

　　在数年关注和思考企业社会责任问题的基础上，经过近一年的研究、构思与撰写，本书终于成稿。蓦然回首，我已经进入不惑之年，而学术研究的热情却青春勃发。本书撰写完成后，我并没有感到一丝轻松，也不敢有半分懈怠，十分疲惫的我在宏伟壮观的研究殿堂里面依然是一个懵懂少年，殿堂中的精美与细致、辉煌与壮观……吸引我不懈探索并孜孜以求。虽然有艰难、有辛酸、有不被人理解的苦闷与彷徨，但我始终相信：耐得住寂寞、守得住清贫也是无限精彩的人生。

　　本书是内蒙古财经大学会计学院学术专著资助项目之一。内蒙古财经大学会计学院为我的关于"少数民族地区矿产资源型企业社会责任培育机制"课题的研究提供了优越的工作环境与良好的学术交流环境。感谢会计学院晓芳院长给予我学术思想的启迪、学术追求的支持和偶尔畏难情绪的担待，她渊博的知识经常令我茅塞顿开，她宽容的态度常常使我感到无限的温暖。感谢会计学院王全在书记对我的关心、理解和支持！他丰富的人生阅历让我受益匪浅，他的睿智、为人处世的理念化解了我思想上的诸多困惑。与晓芳院长、王全在书记一起工作的日子将成为我人生中非常难忘的美好记忆。

　　一项学术课题研究的完成不可能是闭门造车的结果，它需要各个学科、各种学术思想的交流与碰撞。在本书的撰写过程中，同事兰秀文、孙再凌、杜静然、郭巧莉、刘铁鑫给了我鼎力支持。如果没有他们精深的见解、热情的鼓励，如果缺少无拘无束的对问题的争论，也许我依然对"少数民族地区矿产资源型企业社会责任培育机制"无法准确把握。在对学术问题研究与讨论的过程中，我们的友谊更加深厚，我们的心智共同走向成熟。与这些同事共同研讨学术与交流感情是我人生最宝贵的财富。

此外，还要感谢家人对我进行学术研究与探索的理解与支持！已是古稀之年的父母任自己如何想念也不对我有丝毫抱怨；丈夫更是给予我全力支持，承担了本该由妻子承担的繁重家务，并给我鞭策和鼓励；年幼的女儿也渐渐懂事，在她的按摩与呢喃声中，学术灵感经常迸发。家人的支持与关怀丰富了我生命的意义。没有家人的厚爱，就没有本书的完成。与家人在一起的日子是我人生中获得的最为丰厚的恩赐。

带着无限的感激和无限的热情，我将在今后的人生中继续求索。

最后，感谢东北财经大学出版社的大力支持！感谢内蒙古财经大学会计学院、内蒙古社科基金（2013B026）、内蒙古财经大学校级科研项目（KY1331）对本书的大力资助！

赛娜

2015 年 3 月